AF275842

COLEX READER | COLEX AUDIO | COLEX COPILOT

COLEX

GRACIAS POR CONFIAR EN COLEX

Disfrute gratuitamente DURANTE UN AÑO de los eBook, audiolibros y Colex Copilot de las obras de Editorial Colex*

ACTIVA TU CÓDIGO PARA ACCEDER A LOS SERVICIOS

1. Accede a **www.colex.es**.

2. Inicia sesión o regístrate como usuario.

3. Dirígete al menú de usuario y haz clic en «**Mis códigos**».

4. Introduce el siguiente código **(RASCA PARA VER EL CÓDIGO)**:

◆ Una vez se valide el código, aparecerá una ventana de confirmación y su eBook / audiolibro / Colex copilot estarán activos **durante 1 año desde su activación** en la pestaña «Mis libros» en el menú de usuario.

* Los audiolibros están disponibles en las ediciones más recientes de nuestras obras. Se excluyen expresamente las colecciones «Códigos comentados», «Biblioteca digital» y los productos de www.vademecumlegal.es. Colex Copilot únicamente está disponible en las ediciones más recientes de las colecciones «Paso a paso» y «Vademecum».

No se admitirá la devolución si el código promocional ha sido manipulado y/o utilizado.

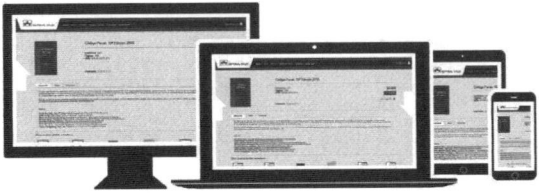

¡Gracias por confiar en nosotros!

La obra que acaba de adquirir incluye de forma gratuita la versión electrónica.

Acceda a nuestra página web para aprovechar todas las funcionalidades de las que dispone en nuestro lector.

Funcionalidades eBook

Acceso desde cualquier dispositivo con conexión a internet

Idéntica visualización a la edición de papel

Navegación intuitiva

Tamaño del texto adaptable

Síguenos en:

EL «DELITO» DE SER CONTRIBUYENTE: EL DERECHO A NO DECLARARSE CULPABLE

Análisis sobre los derechos a no autoinculparse y a la presunción de inocencia en el ámbito tributario

EL «DELITO» DE SER CONTRIBUYENTE: EL DERECHO A NO DECLARARSE CULPABLE

Análisis sobre los derechos a no autoinculparse y a la presunción de inocencia en el ámbito tributario

EDICIÓN 2025

Coordinador

Carlos David Delgado Sancho

Inspector de Hacienda del Estado
Abogado

Obra realizada por el Departamento de Documentación de Iberley

COLEX 2025

© Editorial Colex, S.L.
Calle Costa Rica, número 5, 3.º B (local comercial)
A Coruña, 15004, A Coruña (Galicia)
info@colex.es
www.colex.es

I.S.B.N.: 979-13-7011-310-0
Depósito legal: C 1280-2025

SUMARIO

ANEXO. FORMULARIOS

1.
MARCO CONSTITUCIONAL Y LEGAL

La regulación constitucional del derecho a no autoinculparse del contribuyente

Para abordar la problemática de la incriminación y autoincriminación en el procedimiento de inspección desde la perspectiva de los valores supremos de libertad, justicia e igualdad establecidos en nuestro ordenamiento jurídico, podemos recurrir a cuatro artículos de la Constitución española: 24, 25, 31 y 103.

Como punto de partida cabe citar el **artículo 5 de la Ley Orgánica del Poder Judicial**, que en su primer apartado subraya la importancia de la norma suprema de nuestro ordenamiento en los siguientes términos: «*La Constitución es la norma suprema del ordenamiento jurídico, y vincula a todos los Jueces y Tribunales, quienes interpretarán y aplicarán las leyes y los reglamentos según los preceptos y principios constitucionales, conforme a la interpretación de los mismos que resulte de las resoluciones dictadas por el Tribunal Constitucional en todo tipo de procesos*».

En numerosas sentencias, como la **STC n.º 67/1984, de 7 de junio, ECLI:ES:TC:1984:67**, el Tribunal Constitucional ha declarado que las leyes deben interpretarse de conformidad con la Constitución y en el **sentido más favorable para la efectividad de los derechos fundamentales**, doctrina que ha sido reiterada en distintas ocasiones, como, por ejemplo, en las SSTC n.º 69/2025, de 24 de marzo, ECLI:ES:TC:2025:69 y n.º 44/2023, de 9 de mayo, ECLI:ES:TC:2023:44.

Conforme estas dos premisas conviene destacar la importancia de esta norma en cuanto al derecho a no inculparse del contribuyente, y, en particular, de los siguientes artículos:

- **Artículo 24 de la CE**: este artículo es el encargado de regular el derecho a la tutela judicial efectiva de jueces y tribunales, contiene en su apartado segundo una enumeración de garantías procesales que se aplican a los procedimientos administrativos, entre los que se encuentra el proceso de inspección. Entre estas garantías destacamos:

  » Derecho al juez ordinario predeterminado por la ley.

» Derecho a la defensa y a la asistencia letrada.

» Derecho a ser informado de la acusación formulada contra ellos.

» Derecho a un proceso público sin dilaciones indebidas, y con todas las garantías.

» Derecho a utilizar los medios de prueba pertinentes para su defensa.

» Derecho a no declarar contra sí mismo.

» Derecho a no confesarse culpable.

» Derecho a la presunción de inocencia.

Este derecho también se encuentra respaldado por el Tribunal Europeo de Derechos Humanos que lo considera parte del derecho a un juicio justo según el artículo 6.2 del Convenio para la Protección de los Derechos Humanos y de las Libertades Fundamentales.

- **Artículo 25 de la CE**: dentro de la sección 1.ª, del capítulo segundo, del título I, también encontramos otro precepto con relevancia en lo que a la autoincriminación del contribuyente se refiere. Así, este artículo en su apartado tercero atribuye a la Administración la potestad sancionadora, al disponer que: «*La Administración civil no podrá imponer sanciones que, directa o subsidiariamente, impliquen privación de libertad*». Este precepto conviene relacionarlo con la aplicación en el procedimiento administrativo sancionador de los principios inspiradores del orden penal, que se recoge, entre otras, en la STC n.º 172/2020, de 19 de noviembre, ECLI:ES:TC:2020:172: «*Conforme a una reiterada doctrina de este tribunal —desde las ya tempranas SSTC 18/1981, de 8 de junio, FJ 2; 77/1983, de 3 de octubre, FJ 3, y 42/1987, de 7 de abril, FJ 2—, la administración pública en el ejercicio de su potestad sancionadora está sujeta tanto a los principios sustantivos derivados del art. 25.1 CE —"considerando que los principios inspiradores del orden penal son de aplicación, con ciertos matices, al Derecho administrativo sancionador, dado que ambos son manifestaciones del ius puniendi del Estado"— (SSTC 243/2007, de 10 de diciembre, FJ 3, y 70/2008, de 23 de junio, FJ 4), como a las garantías procesales establecidas en el art. 24.2 CE, "si bien con las modulaciones requeridas en la medida necesaria para preservar los valores esenciales que se encuentran en la base del art. 24.2 CE y la seguridad jurídica que garantiza el art. 9.3 CE, en tanto sean compatibles con su propia naturaleza" (SSTC 197/2004, de 15 de noviembre, FJ 2, y 145/2011, de 26 de septiembre, FFJJ 3 y 4, y las allí citadas)*».

En este punto también hay que subrayar que, tal y como recoge el artículo 178 de la Ley General Tributaria, la potestad sancionadora en materia tributaria se ejerce conforme a los principios reguladores de la misma en materia administrativa, con las especialidades que la propia LGT contiene. En concreto resultan aplicables los principios de legalidad, tipicidad, responsabilidad, proporcionalidad, no concurrencia e irretroactividad.

- **Artículo 31 de la CE**: su apartado 1 impone la obligación de que todos los ciudadanos contribuyan al sostenimiento de los gastos públicos en virtud de su capacidad económica, a través de un sistema tributario justo que deberá inspirarse en los principios de igualdad y progresividad, sin que pueda llegar a tener alcance confiscatorio. Este deber de contribución implica no solo el deber de colaboración con la Hacienda pública, sino también el deber de información que se recoge en los artículos 93 y 94 de la LGT. Este artículo podemos completarlo con lo recogido en el artículo 3 de la LGT que enumera los principios que deben regir el sistema tributario: justicia, generalidad, igualdad, progresividad, equitativa distribución de la carga tributaria y no confiscatoriedad.

- **Artículo 103 de la CE**: este artículo la Constitución señala que la Administración pública debe servir con objetividad los intereses generales y actuar conforme a los principios de eficacia, jerarquía, descentralización, desconcentración y coordinación, estando sometida a la ley y al Derecho. Añade también que la ley, entre otras cosas, deberá regular las garantías para la imparcialidad de los funcionarios públicos en el ejercicio de sus funciones. Este precepto de aplicación general a la Administración pública y a los funcionarios será aplicable a la Hacienda pública y a los funcionarios de la misma, tales como inspectores o subinspectores de hacienda.

Por tanto, cabe destacar que el derecho a no autoinculparse en materia tributaria se fundamenta en los artículos 24, 25, 31 y 103 de la Constitución española, así como en el artículo 178 y concordantes de la Ley General Tributaria. Dicho derecho es parte de las garantías procesales constitucionales, amparadas también por el Tribunal Europeo de Derechos Humanos, y debe ser respetado por la Administración tributaria al ejercer su potestad sancionadora.

JURISPRUDENCIA

Sentencia del Tribunal Supremo, rec. 2545/2007, de 16 de diciembre de 2009, ECLI:ES:TS:2009:8298

Asunto: El principio de legalidad y sus implicaciones en la potestad sancionadora de la Administración

«(...) Debe, pues, subrayarse que existen unos límites de la potestad sancionadora de la Administración, que de manera directa se encuentran contemplados por el art. 25 CE y que dimanan del principio de legalidad de las infracciones y de las sanciones. Estos límites, contemplados desde el punto de vista de los ciudadanos, se transforman en derechos subjetivos de ellos y consisten en no sufrir sanciones sino en los casos legalmente prevenidos y de autoridades que legalmente puedan imponerlas. Colocados de lleno en la línea a la que hemos llegado en el apartado anterior, podemos establecer que los límites que la potestad sancionadora de la Administración encuentra en el art. 25.1 CE son:

1) La legalidad, que determina la necesaria cobertura de la potestad sancionadora en una norma de rango legal, con la consecuencia del carácter excepcional que los poderes sancionatorios en manos de la Administración presentan;

2) La interdicción de las penas de privación de libertad, a las que puede llegarse de modo directo o indirecto a partir de las infracciones sancionadas;

3) El respeto a los derechos de defensa, reconocidos en el art. 24 CE , que son de aplicación a los procedimientos que la Administración siga para imposición de sanciones, y

4) Finalmente, la subordinación a la Autoridad judicial.

Respetando este esquema de actuación, de forma expresa, el Tribunal Constitucional mediante la STC 151/1997, ha señalado que en el ámbito del Derecho Administrativo Sancionador los tipos abiertos y valorativos, característicos de la regulación propia de la actividad económica, pueden ser compatibles con las exigencias constitucionales, a cambio de trasladar al Juez una carga de motivación más intensa para identificar la antijuridicidad de la conducta y con ello suplir la denunciada indeterminación del tipo sancionador».

2.
LA AUTOINCRIMINACIÓN DEL CONTRIBUYENTE EN EL PROCEDIMIENTO INSPECTOR

Autoincriminación del contribuyente inspeccionado

La cuestión que se plantea es si la normativa de la LGT en relación con el procedimiento inspector respeta el derecho a no autoincriminarse. El Tribunal Constitucional no se ha pronunciado acerca de esta materia. Sin embargo en la sentencia n.º 76/1990, de 26 de abril, ECLI:ES:TC:1990:76, se ha referido al deber de contribuir al sostenimiento de los gastos públicos que impone el artículo 31.1 de la CE:

> «(...) Este Tribunal Constitucional ha tenido ya ocasión de declarar, en concreto, que para el efectivo cumplimiento del deber que impone el art. 31.1 de la Constitución es imprescindible la actividad inspectora y comprobatoria de la Administración tributaria, ya que de otro modo «se produciría una distribución injusta en la carga fiscal», pues «lo que unos no paguen debiendo pagar, lo tendrán que pagar otros con más espíritu cívico o con menos posibilidades de defraudar»; de ahí la necesidad y la justificación de «una actividad inspectora especialmente vigilante y eficaz, aunque pueda resultar a veces incómoda y molesta» (STC 110/1984, fundamento jurídico 3.º). La ordenación y despliegue de una eficaz actividad de inspección y comprobación del cumplimiento de las obligaciones tributarias no es, pues, una opción que quede a la libre disponibilidad del legislador y de la Administración, sino que, por el contrario, es una exigencia inherente a «un sistema tributario justo» como el que la Constitución propugna en el art. 31.1: en una palabra, la lucha contra el fraude fiscal es un fin y un mandato que la Constitución impone a todos los poderes públicos, singularmente al legislador y a los órganos de la Administración tributaria. De donde se sigue asimismo que el legislador ha de habilitar las potestades o los instrumentos jurídicos que sean necesarios y adecuados para que, dentro del respeto debido a los principios y derechos constitucionales, la Administración esté en condiciones de hacer efectivo el cobro de las deudas tributarias, sancionando en su caso los incumplimientos de las obligaciones que correspondan a los contribuyentes o las infracciones cometidas por quienes están sujetos a las normas tributarias».

En el ámbito tributario, por tanto, se confrontan por un lado el deber de contribuir y por otro los derechos del artículo 24 de la CE, a los que no referiremos a continuación.

2.1. El derecho de defensa del sujeto inspeccionado

Derecho de defensa del sujeto inspeccionado

El artículo 24 de la CE reconoce el derecho de defensa, así como el derecho a no confesarse culpable y a no declarar contra sí mismo. La protección de estas garantías en el ámbito penal carece de cualquier duda teniendo presente el apartado 2 del artículo 520 de la LECrim, pero **¿qué sucede en el procedimiento inspector tributario?**

Con relación al derecho de defensa debemos partir del hecho de que el procedimiento inspector es un **procedimiento administrativo** en el cual el citado derecho de defensa se recoge en el artículo 34 de la LGT, apartado 1, que establece los derechos de los obligados tributarios, que serán, entre otros, los siguientes:

- **Derecho a ser informado**, al inicio de las actuaciones de comprobación o inspección, sobre la naturaleza y alcance de las mismas, así como de sus derechos y obligaciones en el curso de tales actuaciones y a que las mismas se desarrollen en los plazos previstos en la ley.

- **Derecho a presentar** ante la Administración tributaria **la documentación que estimen conveniente** y que pueda ser relevante para la resolución del procedimiento tributario que se esté desarrollando.

- **Derecho a obtener copia** a su costa de los documentos que integren el expediente administrativo en el trámite de puesta de manifiesto del mismo en los términos previstos en la ley.

En este punto es necesario recordar la doctrina consolidada del Tribunal Constitucional sobre el **derecho a la utilización de los medios de prueba pertinentes**, derecho inseparable del de defensa tal como se recoge en la STC n.º 107/2021, de 13 de mayo, ECLI:ES:TC:2021:107. En esta sentencia señala el tribunal de garantías que este derecho opera en cualquier tipo de procedimiento en el que el ciudadano se vea involucrado, ahora bien, no supone un derecho a llevar a cabo una actividad probatoria ilimitada, sino que atribuye el derecho a la recepción y práctica de las que sean pertinentes.

También rige en el procedimiento inspector el **derecho a no declarar contra sí mismo**, esto es, a la no autoincriminación o autoinculpación, el cual, conforme ha establecido el Tribunal Constitucional, es un derecho instrumental del genérico derecho de defensa, al que presta cobertura en su manifestación pasiva, esto es, la que se ejerce precisamente con la inactividad del sujeto, quien puede optar por defenderse en el proceso en la forma que estime conveniente para sus intereses, sin que en ningún caso pueda ser forzado o inducido, bajo constricción o compulsión alguna, a declarar contra sí mismo o a confesarse culpable (STC n.º 181/2020, de 14 de diciembre, ECLI:ES:TC:2020:181).

RESOLUCIÓN RELEVANTE

Sentencia del TJUE, asunto C-481/19, de 2 de febrero de 2021, ECLI:EU:C:2021:84

Asunto: derecho a guardar silencio

«A este respecto, el Tribunal Europeo de Derechos Humanos ha señalado que, aunque el artículo 6 del CEDH no menciona expresamente el derecho a guardar silencio, este constituye una norma internacional generalmente reconocida, que conforma la base del concepto de proceso equitativo. Al proteger al acusado de la coacción indebida por parte de las autoridades, este derecho contribuye a evitar errores judiciales y a garantizar el resultado perseguido por dicho artículo 6 (véase, en este sentido, TEDH, sentencia de 8 de febrero de 1996, John Murray c. Reino Unido, CE:ECHR:1996:0208JUD001873191, § 45).

(…)

Por lo que respecta a la cuestión de en qué condiciones debe respetarse también dicho derecho en el marco de procedimientos de comprobación de la existencia de infracciones administrativas, procede señalar que ese mismo derecho debe aplicarse en el contexto de procedimientos que pueden dar lugar a la imposición de sanciones administrativas de carácter penal. Tres criterios son relevantes para la evaluación de tal carácter. El primero es la calificación jurídica de la infracción en el Derecho interno, el segundo afecta a la propia naturaleza de la infracción y el tercero es relativo a la gravedad de la sanción que puede imponerse al interesado (sentencia de 20 de marzo de 2018, Garlsson Real Estate y otros, C 537/16, EU:C:2018:193, apartado 28).

(…)

Además, aun suponiendo que, en el caso de autos, las sanciones controvertidas en el litigio principal, impuestas por la autoridad de supervisión a DB, no tuvieran carácter penal, la necesidad de respetar el derecho a guardar silencio en el marco de un procedimiento de investigación tramitado por esta también podría resultar de la circunstancia, señalada por el órgano jurisdiccional remitente, de que, con arreglo a la legislación nacional, las pruebas obtenidas en dicho procedimiento pueden utilizarse en un proceso penal seguido contra esa misma persona para demostrar la comisión de una infracción penal».

2.2. El deber de colaborar con la inspección de tributos

La obligación de colaborar con la inspección de tributos

El apartado 1 del artículo 93 de la LGT establece la **obligación de información en la aplicación de los tributos**, señalando al respecto:

«Las personas físicas o jurídicas, públicas o privadas, así como las entidades mencionadas en el apartado 4 del artículo 35 de esta ley, estarán obligadas a proporcionar a la Administración tributaria toda clase de datos, informes, antecedentes y justificantes con trascendencia tributaria relacionados con el cumplimiento de sus propias obligaciones tributarias o deducidos de sus relaciones económicas, profesionales o financieras con otras personas (...)».

Este precepto establece la obligación de aportar la documentación que tenga transcendencia tributaria, tratándose éste de un concepto jurídico indeterminado debemos atender a lo establecido en la sentencia del Tribunal Supremo, rec. 1287/2012, de 30 de abril de 2015, ECLI:ES:TS:2015:1680:

«La noción de «trascendencia tributaria» constituye, como subraya la sentencia impugnada, un concepto jurídico indeterminado, no definido agotadoramente en el texto de la norma, pero que, al ser aplicado, sólo puede reconducirse a una única solución jurídicamente admisible. En otras palabras, la calificación de unos datos como de «trascendencia tributaria» no entraña la atribución a la Administración de una potestad discrecional, en cuyo ejercicio disponga de un mayor o menor margen de maniobra que le permita optar entre indiferentes jurídicos, quedando, por lo tanto, su elección exenta de control jurisdiccional. Se trata, por el contrario, de una potestad esencialmente reglada, que obliga a la Administración a encontrar la correcta y única aplicación justa de la norma en atención a la naturaleza de los datos que quiere recopilar y de los sujetos a quienes se los reclama, pues no en vano el artículo 93.1 se refiere a datos «con trascendencia tributaria relacionados con el cumplimiento de sus propias obligaciones tributarias o deducidos de sus relaciones económicas, profesionales o financieras con otras personas».

Siendo así, la Inspección, cuando efectúa un requerimiento individualizado de información, debe precisar los datos que pide, para conocimiento del requerido, pero también para facilitar el eventual control jurisdiccional ex artículo 106.1 de la Constitución Española . Se trata, en fin, de eliminar todo atisbo de arbitrariedad en el ejercicio de esta intensa potestad por parte de la Administración. Sólo con aquella precisión se podrá concluir cabalmente si los datos recabados alcanzan trascendencia tributaria, noción que, como hemos apuntado en la repetida sentencia de 12 de noviembre de 2003 [FJ 4º.A)], debe entenderse como la cualidad de aquellos hechos o actos que pueden ser útiles para averiguar si ciertas personas cumplen o no con la obligación establecida en el artículo 31.1 de la Norma Suprema, cualidad que puede ser "directa" (cuando la información solicitada se refiere a hechos imponibles, es decir, a actividades, titularidades, actos o hechos a los que la ley anuda el gravamen) o "indirecta" (cuando la información se refiere a datos colaterales, que pueden servir de indicio para rastrear hechos imponibles presuntamente no declarados o, sencillamente, para guiar después la labor inspectora hacia determinadas personas). Pueden consultarse en este mismo sentido las sentencias de 14 de marzo de 2007 (casación 1320/02 , FJ 3º.2), 3 de noviembre de 2011 (casación 2117/09, FJ 4 º) y 28 de noviembre de 2013 (casación 5692/11 , FJ 3º)».

No solo el artículo 93 de la LGT establece el deber de colaboración, sino que el artículo 203 del mismo texto legal, establece la **infracción tributaria por resistencia, obstrucción, excusa o negativa a las actuaciones de la Administración tributaria.** Ésta se entiende producida cuando el sujeto infractor, debidamente notificado al efecto, haya realizado actuaciones tendentes a dilatar, entorpecer o impedir las actuaciones de la Administración tributaria en relación con el cumplimiento de sus obligaciones.

Entre otras, las conductas que constituyen el objeto de esta infracción son:

- No facilitar a la Administración tributaria el examen de documentos, informes, antecedentes, libros, registros, ficheros, facturas, justificantes y asientos de contabilidad principal y auxiliar, programas y archivos informáticos, sistemas operativos y de control y cualquier otro dato con transcendencia tributaria.

- No atender algún requerimiento debidamente notificado.

- La incomparecencia, salvo causa justificada, en el lugar y tiempo que se le hubiera señalado.

- Negar o impedir indebidamente la entrada o permanencia en fincas o locales a los funcionarios de la Administración tributaria o el reconocimiento de locales, máquinas, instalaciones y explotaciones relacionados con las obligaciones tributarias.

- Las coacciones a los funcionarios de la Administración tributaria.

Este deber de colaboración se manifiesta en el procedimiento inspector, ahora bien, deja de ser aplicable desde que se incoa el procedimiento sancionador, ya que el mismo podría comprometer muy seriamente el derecho a no autoincriminarse.

2.3. La carga de la prueba en el procedimiento inspector

Carga de la prueba en el procedimiento inspector

La doctrina sobre la carga de la prueba pone de manifiesto que el *onus probandi* no posee más alcance que **determinar las consecuencias de la falta de prueba,** pues una vez que los hechos constitutivos del presupuesto fáctico han sido acreditados resulta irrelevante qué parte los probó.

Esta doctrina supone que cuando un hecho no ha sido acreditado o persisten las dudas sobre la realidad fáctica que necesitaba de acreditación, las consecuencias desfavorables deben recaer sobre el llamado a asumir la carga de la prueba. De no lograrse vencer las incertidumbres sobre los hechos, es el ordenamiento jurídico el que prevé explícita o implícitamente las reglas cuya aplicación determina la parte que ha de resultar perjudicada.

En el ámbito tributario la carga de la prueba se encuentra regulada en el artículo 105 de la LGT que establece que en los procedimientos de aplicación de los tributos **quien haga valer su derecho deberá probar los hechos constitutivos del mismo.** Añade, este precepto, que los obligados tributarios cumplirán su deber de probar si designan de modo concreto los elementos de prueba en poder de la Administración tributaria.

En el caso de la responsabilidad sancionadora es la Administración tributaria la que deberá aportar los elementos de prueba que fundamenten el presupuesto de esa responsabilidad, tal como ha señalado el Tribunal Supremo en la **sentencia n.º 594/2025, de 20 de mayo, ECLI:ES:TS:2025:2161:**

> «En consecuencia, no corresponde al administrador probar la inexistencia de culpabilidad, sino a la Administración acreditar la ausencia de diligencia del administrador en el cumplimiento de las obligaciones fiscales del deudor principal. Es más, las dudas que en este ámbito pudieran suscitarse, deberán resolverse aplicando el principio *in dubio pro reo.*
>
> En suma, es a la Administración a la que corresponde probar la concurrencia del elemento subjetivo de la persona que declara responsable subsidiario, sin que exista fundamento legal alguno que permita justificar la inversión del principio del onus probandi teniendo en cuenta que nos encontramos, como se ha expuesto, en una categoría de responsabilidad a la que este Tribunal le ha atribuido naturaleza sancionadora».

El principio básico es que le corresponde al actor probar los hechos constitutivos de su pretensión y al demandado los hechos impeditivos, extintivos o excluyentes, aunque dicho principio se atempera con principios tales como la **disponibilidad y facilidad probatoria** que corresponde a cada una de las partes. A esta modulación de la carga de la prueba se ha referido la **sentencia del Tribunal Supremo n.º 1080/2021, de 22 de julio, ECLI:ES:TS:2021:3185,** que trasladando dicho principio al ámbito tributario afirma:

> «Aplicando las reglas sobre la carga de la prueba modelada jurisprudencialmente, anteriormente vistas, en principio, le corresponde al contribuyente acreditar las circunstancias determinantes de la no sujeción. Pero es necesario hacer una precisión, cual es de que estamos hablando de una relación, como no puede ser de otro modo, entre obligado tributario, en este caso contribuyente de IPRF, y Administración Tributaria, y es en esta relación en la que tiene cabida las reglas de la carga de la prueba a la que venimos refiriendo, en el sentido, de que es una de estas dos partes que conforman la citada relación a la que va a corresponder la prueba de que los gastos por manutención están o no sujetos. El pagador, respecto de esta relación, en puridad resulta un extraño, sin perjuicio del papel que normativamente se le va a asignar en el juego de la carga de la prueba.
>
> En definitiva, las reglas sobre la carga de la prueba, tanto en su regla general, como en las matizaciones o excepciones vistas, deben necesariamente vincularse a la concreta relación tributaria y a las obligaciones que asumen las partes (…)».

CUESTIÓN

¿Cuándo se aplica el criterio de la facilidad probatoria?

Cuando el Tribunal Supremo se ha referido a la aplicación del criterio de la facilidad probatoria, lo ha hecho en supuestos en los que constaba la imposibilidad, grave dificultad o desproporción para la obtención de la prueba. La STS n.º 1318/2022, de 17 de octubre, ECLI:ES:TS:2022:3740, se ha referido a un caso en el que se debía probar la realidad de los gastos de desplazamiento que justifican que no están sujetas a IRPF las dietas de locomoción, manutención y estancia. En este caso el Alto Tribunal consideró que la Administración no debía dirigirse al contribuyente, sino al empleador en cuanto obligado a acreditar que las cantidades abonadas en tales conceptos responden a desplazamientos realizados en determinado día y lugar, por motivo o por razón del desarrollo de la actividad laboral.

2.4. El derecho a no autoincriminarse

Derecho a no autoincriminarse

El derecho a no autoincriminarse aparece recogido en el artículo 24 de la CE:

«1. Todas las personas tienen derecho a obtener la tutela efectiva de los jueces y tribunales en el ejercicio de sus derechos e intereses legítimos, sin que, en ningún caso, pueda producirse indefensión.

2. Asimismo, todos tienen derecho al Juez ordinario predeterminado por la ley, a la defensa y a la asistencia de letrado, a ser informados de la acusación formulada contra ellos, a un proceso público sin dilaciones indebidas y con todas las garantías, a utilizar los medios de prueba pertinentes para su defensa, a no declarar contra sí mismos, a no confesarse culpables y a la presunción de inocencia.

La ley regulará los casos en que, por razón de parentesco o de secreto profesional, no se estará obligado a declarar sobre hechos presuntamente delictivos».

También se reconoce en el artículo 6 del CEDH:

«1. Toda persona tiene derecho a que su causa sea oída equitativa, públicamente y dentro de un plazo razonable, por un Tribunal independiente e imparcial, establecido por la Ley, que decidirá los litigios sobre sus derechos y obligaciones de carácter civil o sobre el fundamento de cualquier acusación en materia penal dirigida contra ella. La sentencia debe ser pronunciada públicamente, pero el acceso a la Sala de Audiencia puede ser prohibido a la prensa y al público durante la totalidad o parte del proceso en interés de la moralidad, del orden público o de la seguridad nacional en una sociedad democrática, cuando los intereses de los menores o la protección de la vida privada de las partes en el proceso así lo exijan o en la medida considerada necesaria por el Tribunal, cuando en circunstancias especiales la publicidad pudiera ser perjudicial para los intereses de la justicia.

2. Toda persona acusada de una infracción se presume inocente hasta que su culpabilidad haya sido legalmente declarada.

3. Todo acusado tiene, como mínimo, los siguientes derechos:

a) a ser informado, en el más breve plazo, en una lengua que comprenda y detalladamente, de la naturaleza y de la causa de la acusación formulada contra él;

b) a disponer del tiempo y de las facilidades necesarias para la preparación de su defensa;

c) a defenderse por sí mismo o a ser asistido por un defensor de su elección y, si no tiene medios para pagarlo, poder ser asistido gratuitamente por un Abogado de oficio, cuando los intereses de la justicia lo exijan;

d) a interrogar o hacer interrogar a los testigos que declaren contra él y a obtener la citación y el interrogatorio de los testigos que declaren en su favor en las mismas condiciones que los testigos que lo hagan en su contra;

e) a ser asistido gratuitamente de un intérprete, si no comprende o no habla la lengua empleada en la Audiencia».

En el ámbito tributario se cuestiona si este derecho se ve respetado, especialmente cuando en el procedimiento inspector se ha aportado información previo requerimiento coactivo, y dicha información es luego empleada en el procedimiento sancionador como prueba incriminatoria para fundar la sanción.

> **A TENER EN CUENTA**. Nos referimos a «requerimiento coactivo» teniendo en cuenta la infracción que se recoge en el artículo 203 de la LGT y el deber de colaboración que recae sobre el contribuyente.

Es consolidada la doctrina del Tribunal Constitucional que establece que los derechos a no declarar contra sí mismo y a no confesarse culpable guardan una estrecha vinculación con la presunción de inocencia y con el derecho de defensa. Así mismo, debemos tener presente que el derecho a la presunción de inocencia supone que la carga de la prueba corresponda a la acusación (STC n.º 75/2007, de 16 de abril, ECLI:ES:TC:2007:75). Lo expuesto se refiere al procedimiento penal, pero **¿qué sucede en el ámbito administrativo?** El Tribunal Constitucional ha señalado que **los principios inspiradores del orden penal son de aplicación, con ciertos matices, al derecho administrativo sancionador**, dado que ambos son manifestaciones del ordenamiento punitivo del Estado (STC n.º 18/1981, de 8 de junio, ECLI:ES:TC:1981:18).

Ahora bien, debemos tener presente que en el ámbito tributario existen ciertas obligaciones que pueden hacerse cuestionar si se respeta este derecho a no autoinculparse. Veamos, por ejemplo, el hecho de que la normativa tributaria contempla una obligación de emisión, conservación y exhibición ante la Administración tributaria de cierta información a los efectos de determinar la deuda tributaria. La aportación de esta documentación conlleva *per se* que pueda ser empleada por el poder público para fundar la imposición de sanciones. Se plantea si esta situación no contraviene el derecho a no autoinculparse, especialmente en aquellos casos en los que la información haya sido aportada de forma coactiva por el eventual infractor en el previo procedimiento de regularización.

El Tribunal Supremo, por el momento, no ha tenido oportunidad de pronunciarse específicamente sobre la **operatividad del derecho a no autoincriminarse en el ámbito tributario**, es por ello que **se han admitido a trámite dos recursos de casación, que todavía se encuentran en proceso de resolución, sobre esta materia,** a saber, ATS, rec. 2592/2023, de 10 de abril de 2024, ECLI:ES:TS:2024:4422A y ATS, rec. 3664/2023, de 24 de abril de 2024, ECLI:ES:TS:2024:5184A.

2.5. Doctrina de los tribunales

Apertura del procedimiento sancionador sin que haya concluido el procedimiento inspector

La sentencia del Tribunal Supremo n.º 1452/2020, de 5 de noviembre, ECLI:ES:TS:2020:3735, se refiere a la posibilidad de iniciar el procedimiento sancionador sin que haya finalizado el inspector. Nos referiremos en primer lugar a la postura que recoge la sentencia y posteriormente expondremos el voto particular que se contiene en la misma.

Expone el Alto Tribunal, en primer lugar, que el artículo 209 de la LGT no establece ningún plazo mínimo para iniciar el procedimiento sancionador, pudiendo inferirse del artículo 25 del RGRST que dicho inicio puede producirse antes de que se haya notificado la liquidación tributaria de la que trae causa el procedimiento punitivo, entendiendo el tribunal que esto es plenamente compatible con el artículo 24.2 de la CE y, en particular, con los derechos de ser informados de la acusación y a la defensa.

Esta conclusión del Tribunal Supremo se fundamenta en las siguientes circunstancias:

- El artículo 209.2 de la LGT se limita a establecer el límite temporal máximo del que dispone el órgano competente para iniciar un expediente sancionador, pero no señala cuál sea el *dies a quo* que resulta obligado para proceder a dicha incoación.

- Del artículo 25 del RGRST puede inferirse que dicho procedimiento puede iniciarse sin liquidación.

- De la misma forma en que es posible iniciar e instruir un proceso penal por delito contra la Hacienda Pública, en que los derechos del artículo 24.2 de la CE despliegan toda su fuerza, sin necesidad de que se haya liquidado ni cuantificado la deuda tributaria, ha de ser posible también iniciar un procedimiento sancionador sin haber «confirmado» previamente la comisión inequívoca de una infracción tributaria.

- En los supuestos en que la notificación de la liquidación y de la sanción coinciden temporalmente se produce una tramitación conjunta en el tiempo, que no confundida, de los procedimientos de comprobación e investigación y del procedimiento sancionador que no conlleva una quiebra del principio de separación de procedimientos y que no constituye una vulneración del principio establecido en el artículo 208 de la LGT, apartado 1.

Se remite el Tribunal Supremo a lo establecido por el mismo en la sentencia n.º 1032/2019, de 10 de julio, ECLI:ES:TS:2019:2595, en la cual anuló el apartado nueve del artículo único del Real Decreto 1072/2017 y, en consecuencia, el apartado 4 del artículo 25 del RGRST, por entender que el mismo introducía una figura extraña a la dinámica del procedimiento sancionador, que no existía habilitación legal expresa para su regulación reglamentaria y que resultaba incoherente e ilógica la nueva regulación en cuanto careciendo ya de relevancia la pretendida interrupción justificada en el procedimiento inspector, se trasladaba esta figura al procedimiento sancionador.

Declara el Alto Tribunal en esa sentencia que no existe habilitación legal, ni se puede considerar que esté justificada una interrupción por razón de un procedimiento distinto como es el inspector, que por mandato legal está separado del sancionador, y que, además, no requiere ni exige la iniciación del sancionador antes de dictar el acuerdo de liquidación, ya que se permite el inicio del procedimiento sancionador hasta un máximo de tres meses después de dicho acuerdo de liquidación.

En la sentencia de 5 de noviembre de 2020 se recoge un voto particular que se remite al contenido en el auto aclaratorio, rec. 1993/2019, de 29 de julio de 2020, ECLI:ES:TS:2020:6022AA. Este voto particular considera errónea la doctrina que entiende que el procedimiento sancionador puede iniciarse antes de que se le haya notificado a la persona o entidad acusada de cometer la infracción la liquidación tributaria de la que trae causa el procedimiento punitivo.

En el voto particular se hace referencia a los siguientes puntos:

> **1. Principios generales sobre la interpretación de las normas sobre garantías penales y sancionadoras, bajo la primacía del principio concretado en el aforismo «favorabilia sunt amplianda, odiosa sunt restringenda».**

En el voto particular se estima que en este caso concurren hasta tres exigencias de interpretación restrictiva de la norma desfavorable, esto es del artículo 209 de la LGT, apartado 2:

- La que se refiere a las normas penales, incluyendo entre ellas las procedimentales.
- Las atinentes a los derechos fundamentales directamente implicados o en peligro de estarlo.
- Y dentro de esta interpretación restrictiva, no es un argumento dialécticamente sólido concluir que lo que la ley no prohíbe a la Administración se lo permite. Señala el auto que no basta con que algo no esté prohibido para que brote espontáneamente una suerte de potestad «por ocupación», sino que es precisa una atribución legal, lo que es particularmente claro tratándose del ejercicio de la potestad sancionadora, que no consiente la posibilidad de las denominadas «potestades implícitas».

Además, señala que un procedimiento que se abre como consecuencia de otro del que deriva o trae causa no puede suponer otra cosa que el inicio del segundo, lógica y cronológicamente, requiere la finalización del primero, pues el término procedimiento tiene una significación bien precisa, y entraña una serie lógica de actos reglados de trámite que conducen a una decisión final, la cual corona y justifica el procedimiento, sin el cual tales actos carecen de sentido. Por ello, señala el voto particular, el proceso no puede ser seccionado, artificiosamente, tal como autoriza la tesis mayoritaria.

> **2. La interpretación efectuada por la sentencia, que habilita la coexistencia simultánea, incluso totalmente paralela, de un procedimiento de inspección y otro sancionador, dada su mutua y necesaria interdependencia, supone contravenir el principio de separación de procedimientos reconocido en el artículo 208 de la LGT.**

El principio de separación requiere, entre otros elementos para su efectividad, una separación no sólo conceptual, esto es, real y no formal o aparente, sino también temporal, un encadenamiento sucesivo, pues solo así se pueden hacer efectivos los derechos del expedientado y que no queden en una mera declaración rutinaria y formal, con nulo efecto práctico. De no ser así, entiende que el artículo 208.1 de la LGT constituiría un precepto meramente ornamental, interpretando el 209.2 de la LGT como lo hace la sentencia.

> **3. La interpretación de que el artículo 209.2 de la LGT, al no prohibir expresamente el inicio del procedimiento sancionador antes de la finalización del de regularización, lo permite, contraviene o dificulta el cumplimiento del derecho fundamental, emanado del de presunción de inocencia y de defensa, de la no autoincriminación o *nemo tenetur.***

El voto particular recoge el hecho de que en el procedimiento sancionador el sometido al expediente puede oponerse a facilitar datos que perjudiquen su posición jurídica, pero como obligado tributario que es, en un procedimiento encaminado a determinar la deuda tributaria, tiene el deber a facilitar información de cargo, con sanción severa en caso de no hacerlo conforme al artículo 203 de la LGT.

Ni la ley ni el reglamento han previsto garantía o mecanismo alguno de advertencia, para el caso de simultaneidad de procedimientos, en el sentido de que cualquier prueba de cargo o que le sea perjudicial o sirva para su condena pueda rehusar aportarla, así como negarse a colaborar, toda vez que es, a un tiempo, suministrador legal de información de transcendencia tributaria y, de otro, es un ciudadano al que la Constitución española, los tratados y convenios internacionales le reconocen sin restricción el derecho a no autoincriminarse.

La problemática radica en el hecho de que la coactividad existente en el primer procedimiento no impide que la información obtenida por la Administración pueda ser trasvasada, sin más, al expediente sancionador, donde puede servir como prueba incriminatoria, incluso única, determinante de forma directa de la sanción de la misma. Entiende el magistrado que esto entrañaría, en sí mismo, una infracción del derecho a no colaborar con la Administración en la acusación.

Señala el voto particular que estamos ante procedimientos distintos que obedecen a fines muy diferentes, por lo que permitir que coincidan en el tiempo hace que, o bien la Administración no pueda actuar con plenitud de facultades legales en el procedimiento de regularización, o bien se conculque gravemente uno de los principios elementales de la potestad sancionadora por conminarse al sujeto a hacer una declaración autoinculpatoria.

Los informes periciales de la Administración no gozan de mayor valor probatorio

En la sentencia del Tribunal Supremo n.º 202/2022, de 17 de febrero, ECLI:ES:TS:2022:597, el Alto Tribunal se pronuncia sobre la naturaleza y valor probatorio de los informes de la Administración obrantes en el expediente administrativo más los aportados en sede judicial como pericial, todos elaborados por funcionarios o técnicos de la Administración.

En el derecho administrativo no hay normas específicas sobre los medios de prueba, ni sobre su valoración, señalando el apartado 1 del artículo 77 de la LPAC «*Los hechos relevantes para la decisión de un procedimiento podrán acreditarse por cualquier medio de prueba admisible en Derecho, cuya valoración se realizará de acuerdo con los criterios establecidos en la Ley 1/2000, de 7 de enero, de Enjuiciamiento Civil*». Y respecto a la prueba establece el artículo 60 de la LJCA que la prueba se desarrollará con arreglo a las normas de generales establecidas para el proceso civil, permitiendo que las partes en el acto de emisión de la prueba pericial puedan solicitar aclaraciones al dictamen que se ha emitido.

Teniendo presente esto, señala la sentencia que los informes y dictámenes elaborados por expertos de la Administración serán subsumibles dentro del medio de prueba oficialmente denominado «dictamen de peritos» por cuanto reúnen las características del artículo 335 de la LEC. Pues bien, los dictámenes periciales serán valorados según las reglas de la sana crítica, lo que no deja de ser una manifestación de libre valoración de la prueba o valoración en conciencia. Teniendo esto presente la sentencia de referencia realiza tres consideraciones adicionales:

- No es lo mismo que un informe o dictamen emanado de la Administración se haga valer como medio de prueba en un litigio entre terceros o en un litigio en que esa misma Administración es parte. En este último caso no es posible decir que el informe goza de imparcialidad y que por ello merece un plus de credibilidad ya que quien es parte no es imparcial.

- No todos los expertos al servicio de la Administración se encuentran en una misma situación de dependencia con respecto al órgano administrativo llamado a decidir, es por ello que el juzgador debe precisar y ponderar, en cada caso concreto, el mayor o menor grado de dependencia del experto con respecto al órgano administrativo.

- Hay supuestos en que los informes de origen funcionarial, aun habiendo sido elaborados por auténticos técnicos, no pueden ser considerados como prueba pericial. Ello ocurre destacadamente cuando las partes no tienen ocasión de pedir explicaciones o aclaraciones. Dichos informes no tendrán más valor que el que tengan como documentos administrativos, y como tales habrán de ser valorados.

3.
LA AUTOINCRIMINACIÓN DEL CONTRIBUYENTE EN EL PROCEDIMIENTO SANCIONADOR

El procedimiento sancionador tributario y la autoincriminación

El procedimiento sancionador en materia tributaria aparece regulado en el capítulo IV, del título IV, de la Ley General Tributaria (artículos 207 a 212).

Antes de adentrarnos en el estudio de estos artículos conviene recordar que la Ley General Tributaria en su artículo 178 establece que la potestad sancionadora será ejercida conforme a los principios reguladores de la misma en materia administrativa, con las especialidades propias que recoge la propia LGT. Además, contiene una enumeración de los principios que serán aplicables en esta materia, que serían:

- Principio de legalidad.
- Principio de tipicidad.
- Principio de responsabilidad.
- Principio de proporcionalidad.
- Principio de no concurrencia.
- Principio de irretroactividad.

Aproximación al procedimiento sancionador en materia tributaria

El procedimiento sancionador en materia tributaria se encuentra regulado del siguiente modo:

- En el artículo 207 y siguientes de la LGT.
- El Real Decreto 2063/2004, de 15 de octubre, por el que se aprueba el Reglamento general del régimen sancionador tributario, en adelante RGRST.

- En su defecto, se regula por las normas del procedimiento sancionador en materia administrativa.

En el procedimiento sancionador se van a garantizar los siguientes derechos a los afectados:

- Los afectados **tienen que ser notificados** de:
  - » Los hechos que se le imputen.
  - » Las infracciones que tales hechos puedan constituir.
  - » Las sanciones que se le puedan imponer.
  - » La identidad del instructor.
  - » La autoridad competente para imponer la sanción.
  - » La norma que atribuya tal competencia.
- Los afectados tienen derecho a **formular alegaciones** y a **utilizar los medios de defensa admitidos** por el ordenamiento jurídico que resulten procedentes.
- Los derechos reconocidos en el **artículo 34 de la LGT.**

Es importante tener en cuenta que el procedimiento sancionador en materia tributaria **se iniciará siempre de oficio**, a través de la notificación del acuerdo del órgano competente.

Dispone el artículo 209 de la LGT, apartado 2, que cuando el procedimiento sancionador se incoe como consecuencia de un procedimiento iniciado mediante declaración o de un procedimiento de verificación de datos, comprobación o inspección no podrán iniciarse respecto a la persona o entidad que hubiera sido objeto del procedimiento una vez transcurrido el plazo de 6 meses desde que se notificó o se entendió notificada la correspondiente liquidación o resolución. En cuanto a los procedimientos que se inicien para la imposición de sanciones del artículo 186 de la LGT (sanciones no pecuniarias por infracciones graves o muy graves), se deben de iniciar en el plazo de seis meses desde que se hubiese notificado o se entendiese notificada la sanción pecuniaria del citado precepto.

CUESTIONES

1. ¿Cuál será el plazo máximo de duración del procedimiento sancionador en materia tributaria?

De acuerdo con el artículo 211 de la LGT, el procedimiento sancionador en materia tributaria deberá concluir en el plazo máximo de 6 meses contados desde la notificación de la comunicación de inicio del procedimiento hasta la fecha en que se notifique el acto administrativo de resolución del mismo.

Si se produce el vencimiento del plazo de los seis meses sin que se haya notificado resolución expresa, conllevara a la caducidad del procedimiento.

2. ¿Qué conlleva la caducidad del procedimiento sancionador?

La caducidad del procedimiento sancionador en materia tributaria por falta de resolución expresa en plazo legal no sólo conlleva la perención del procedimiento, también impide la iniciación de un nuevo expediente sancionador por el mismo objeto, lo que determinará la extinción de la potestad sancionadora por este hecho.

Aquí la LGT llega a una solución diversa de la general establecida en el artículo 95 de la Ley 39/2015, de 1 de octubre, del Procedimiento Administrativo Común de las Administraciones Publicas.

|| La instrucción del procedimiento sancionador en materia tributaria

La instrucción del procedimiento sancionador tributario se encuentra regulada principalmente en el artículo 210 de la LGT y en la normativa reglamentaria desarrollada en el Real Decreto 2063/2004, de 15 de octubre, por el que se aprueba el Reglamento general del régimen sancionador tributario (en adelante, RGRST).

El desarrollo de las actuaciones y procedimientos tributarios se desarrollarán de acuerdo con lo previsto con carácter general por las normas especiales sobre el desarrollo de las actuaciones y procedimientos tributarios desarrolladas previstas en el artículo 99 de la LGT.

Podrán realizarse de oficio cuantas actuaciones resulten necesarias para determinar la existencia de infracciones susceptibles de sanción, uniéndose al expediente sancionador aquellas pruebas, declaraciones e informes necesarios para su resolución.

Los interesados pueden formular alegaciones y aportar documentos, justificaciones y pruebas en cualquier momento anterior a la propuesta de resolución.

Es importante destacar que todos aquellos datos, pruebas o circunstancias que obren o hayan sido obtenidos en alguno de los procedimientos de aplicación de los tributos regulados en el título III de esta ley y vayan a ser tenidos en cuenta en el procedimiento sancionador deberán incorporarse formalmente al mismo antes de la propuesta de resolución.

Una vez finalizadas las actuaciones se formulará una propuesta de resolución en la que deben figurar de forma motivada:

- Los hechos.
- Su calificación jurídica.
- La infracción que estos hechos puedan constituir o la declaración de inexistencia de infracción o responsabilidad.
- Concreción de la sanción propuesta y los criterios de graduación aplicados, motivando la procedencia de los mismos.
- La sanción propuesta.

Esta propuesta de resolución debe ser notificada al interesado, concediendo un plazo de 15 días para realizar las alegaciones que estime convenientes y presentar documentos, justificantes y pruebas.

El artículo 210 de la LGT, en su apartado quinto, regula aquellos supuestos en los que al tiempo de iniciarse el expediente sancionador se encontrasen en poder del órgano competente todos los elementos que permitan formular la propuesta de imposición de sanción, en cuyo caso esta debe ser incorporada al acuerdo de iniciación, manteniendo el mismo plazo de 15 días para que el interesado pueda realizar alegaciones y aportar pruebas.

En el caso de que no se formulen alegaciones se eleva la propuesta de resolución al órgano competente para resolver.

|| La terminación del procedimiento

La LGT en su artículo 211 contiene dos maneras de terminar el procedimiento: mediante resolución o por caducidad.

En el caso de que finalice mediante resolución expresa, esta debe contener:

- La fijación de los hechos.
- La valoración de las pruebas practicadas.
- La determinación de la infracción cometida.
- La identificación del infractor.
- La cuantificación de la sanción, y los criterios de graduación de la misma.
- La posibilidad de reducción en virtud de lo dispuesto en el artículo 188 de la LGT.
- Si fuese el caso, la declaración de inexistencia de infracción o responsabilidad.

En el caso de que transcurran 6 meses desde la notificación de la comunicación del inicio del procedimiento, sin que se haya notificado resolución expresa se producirá la caducidad del procedimiento.

CUESTIÓN

¿Qué órganos son competentes para imponer sanciones tributarias?

Tal y como se establece en el **artículo 211.5 de la LGT:**

«Son órganos competentes para la imposición de sanciones:

a) El Consejo de Ministros, si consisten en la suspensión del ejercicio de profesiones oficiales, empleo o cargo público.

b) El Ministro de Hacienda, el órgano equivalente de las comunidades autónomas, el órgano competente de las entidades locales u órganos en quienes deleguen, cuando consistan en la pérdida del derecho a aplicar beneficios o incentivos fiscales cuya concesión le corresponda o que sean de directa aplicación por los obligados tributarios, o de la posibilidad de obtener subvenciones o ayudas públicas o en la prohibición para contratar con la Administración pública correspondiente.

c) El órgano competente para el reconocimiento del beneficio o incentivo fiscal, cuando consistan en la pérdida del derecho a aplicar el mismo, salvo lo dispuesto en el párrafo anterior.

d) El órgano competente para liquidar o el órgano superior inmediato de la unidad administrativa que ha propuesto el inicio del procedimiento sancionador».

|| La autoincriminación en el procedimiento sancionador

El problema de la autoincriminación en el procedimiento sancionador parte de la obtención de la prueba en el mismo regulada en el **artículo 210 de la Ley General Tributaria**, que en su apartado segundo dispone:

«Los datos, pruebas o circunstancias que obren o hayan sido obtenidos en alguno de los procedimientos de aplicación de los tributos regulados en el título III de esta ley y vayan a ser tenidos en cuenta en el procedimiento sancionador deberán incorporarse formalmente al mismo antes de la propuesta de resolución».

Esto implica que parte de la instrucción del procedimiento sancionador se ha realizado en el procedimiento inspector, en el que el contribuyente ha aportado pruebas de las que ahora se vale la Administración tributaria para imponerle una sanción.

El problema radica en que, si bien en el procedimiento inspector existe la obligación del contribuyente de colaborar, en el sancionador tal obligación no sólo no se contempla, sino que sería contraria al derecho fundamental a no autoincriminarse. **¿Qué ocurre por tanto con las pruebas que el contribuyente aportó en el procedimiento inspector, y que se usan ahora para imponerle una sanción en el procedimiento sancionador?** Lo cierto es que si bien esta cuestión genera dudas sobre si la Administración tributaria respeta el derecho fundamental a no incriminarse y no declarar contra sí mismo, nuestros tribunales, aunque no han sido rotundos al respecto, sí parecen decantarse por entender que no existe vulneración de derechos en el hecho de que el contribuyente haya aportado documentación a la Administración cuando posteriormente es esta misma documentación la que se utiliza para fundamentar una sanción. Así, el Tribunal Constitucional en su **STC n.º 76/1990, de 26 de abril, ECLI:ES:TC:1990:76**, afirma lo siguiente:

«(...) no existe un derecho absoluto e incondicionado a la reserva de los datos económicos del contribuyente con relevancia fiscal y esgrimible frente a la Administración tributaria. Tal pretendido derecho haría virtualmente imposible la labor de comprobación de la veracidad de las declaraciones de los contribuyentes a la Hacienda Pública y, en consecuencia, dejaría desprovisto de toda garantía y eficacia el deber tributario que el art. 31.1 de la Constitución consagra; lo que impediría una distribución equitativa del sostenimiento de los gastos públicos en cuanto bien constitucionalmente protegido. Pero, además de lo que hasta ahora se ha dicho, y como recuerda el Abogado del Estado, la Sala parte en su razonamiento de una equívoca comprensión de lo que supone la aportación de documentos contables en el art. 83.3 f) de la LGT. Los documentos contables son elementos acreditativos de la situación económica y financiera del contribuyente; situación que es preciso exhibir para hacer posible el cumplimiento de la obligación tributaria y su posterior inspección, **sin que pueda considerarse la aportación o exhibición de esos documentos contables como una colaboración equiparable a la «declaración»** comprendida en el ámbito de los derechos proclamados en los arts. 17.3 y 24.2 de la Constitución. Del mismo modo que el deber del ciudadano de tolerar que se le someta a una especial modalidad de pericia técnica verbi gratia, el llamado control de alcoholemia) no puede considerarse contrario al derecho a no declarar contra sí mismo y al de no declararse culpable (SSTC 103/1985, 145/1987, 22/1988, entre otras muchas), cuando el contribuyente aporta o exhibe los documentos contables pertinentes no está haciendo una manifestación de voluntad ni emite una declaración que exteriorice un contenido admitiendo su culpabilidad. Se impone aquí de nuevo la prudencia frente a intentos apresurados de trasladar mecánicamente garantías y conceptos propios del orden penal a actuaciones y procedimientos administrativos distintos y alejados del mismo, como es, en este caso, el de gestión tributaria. Desde esta perspectiva, tiene razón el Abogado del Estado cuando resalta que el citado art. 83.3 f) no es, en realidad, más que una garantía del cumplimiento de los deberes formales de los sujetos pasivos que se enuncian en el art. 35.2 de la propia LGT: llevar y conservar los libros de contabilidad, registro y demás documentos que en cada caso se establezca, facilitar la práctica de inspecciones y comprobaciones, y proporcionar a la Administración los datos, informes, antecedentes y justificantes que tengan relación con el hecho imponible. Y a esta conclusión no cabría oponer como un obstáculo insalvable el tenor del art. 83.3 f) de la LGT, pues el sustantivo «pruebas» no es utilizado por dicho precepto en un sentido estricto o técnico-jurídico, sino más bien como concepto equivalente, redundante y sinónimo de la expresión «documentos contables» que la propia norma emplea».

El Tribunal Supremo también se ha pronunciado sobre esta cuestión y si bien no da una respuesta específica, **sí parece decantarse por no entender vulnerado el derecho a no autoincriminarse en estos casos en los que el procedimiento sancionador se apoya en información y documentos aportados por el contribuyente en el inspector.** A estos efectos podemos citar, por ejemplo, la **STS n.º 1452/2020, de 5 de noviembre, ECLI:ES:TS:2020:3735**, en la que la sala concluye:

«Defender lo contrario supondría desposeer a la Administración tributaria de una facultad que le corresponde en el seno del procedimiento inspector con fundamento en el deber constitucional establecido en el artículo 31.1 CE -a saber, la facultad de requerir al sujeto inspeccionado cuanta información con trascendencia tributaria sea necesaria para llevar a buen término las actuaciones de comprobación e investigación- en aras de la supuesta salvaguarda de un derecho fundamental del obligado tributario -el derecho a no autoincriminarse- que no surte efectos en el seno del procedimiento inspector y que nuestro Tribunal Constitucional ha considerado aplicable, en exclusiva, a los procedimientos que pueden concluir en su seno con la imposición de sanciones (tributarias o de cualquier otra naturaleza)».

CUESTIÓN

Para salvaguardar el derecho a la no autoincriminación, ¿debe adelantarse el procedimiento sancionador al momento en el que pueda atribuirse una infracción tributaria?

No, el Tribunal Supremo, en su STS n.º 70/2021, de 26 de enero, ECLI:ES:TS:2021:265, ha respondido esta cuestión afirmando que «(...) la necesaria salvaguarda del derecho a no autoincriminarse no reclama adelantar el inicio del procedimiento tributario sancionador al momento en el que se pueda atribuir al sujeto inspeccionado, más o menos fundadamente, la realización de una infracción tributaria. Reclama que la información que ha sido obtenida bajo medios coactivos -concurriendo la coacción legal que se deriva del artículo 203 LGT - en el procedimiento inspector no sea utilizada posteriormente en el seno del procedimiento tributario sancionador para enervar la presunción de inocencia del obligado tributario y, más concretamente en el caso que nos ocupa, para fundamentar por parte de la Administración tributaria la imposición de cualesquiera de las sanciones que se cuantifican en función del importe de la cuota liquidada al término del procedimiento de inspección».

A TENER EN CUENTA. El Tribunal Supremo se encuentra pendiente de resolver distintos recursos de casación —véase por ejemplo el auto del Tribunal Supremo, rec. 2592/2023, de 10 de abril de 2024, ECLI:ES:TS:2024:4422A, en los que se plantea la cuestión de si «(...) la exigencia normativa de la obligación de emisión, conservación y exhibición ante la Administración tributaria de cierta documentación o información -como, por ejemplo, facturas- a los efectos de determinar la deuda tributaria, trae consigo que, por su virtud, dicha información resulte excluida de la esfera protectora del derecho fundamental a no autoincriminarse en un posterior procedimiento sancionador, aun habiendo sido aportada de forma coactiva (art. 203 LGT) por el eventual infractor en el previo procedimiento de regularización tributaria». Además, también deberá aclarar si el derecho a no autoinculparse ampara únicamente la aportación o el empleo en un procedimiento sancionador de información directamente autoincriminatoria, o si se extiende también a datos o informaciones que, aun siendo necesarios, no son suficientes por sí mismos para fundar la imposición de la sanción.

4.
LA AUTOINCRIMINACIÓN DEL CONTRIBUYENTE EN EL DELITO CONTRA LA HACIENDA PÚBLICA

La autoincriminación del contribuyente en el delito contra la Hacienda pública

En el contexto del delito contra la Hacienda pública, el derecho a no autoincriminarse está consagrado en el artículo 24.2 de la Constitución española, que establece que todos tienen derecho a no declarar contra sí mismos y a no confesarse culpables. Este derecho también se deriva del **artículo 6.2 del Convenio para la Protección de los Derechos Humanos y de las Libertades Fundamentales**, según el Tribunal Europeo de Derechos Humanos.

El Tribunal Constitucional ha afirmado que los derechos a no declarar contra sí mismo y a no confesarse culpable son garantías instrumentales del derecho de defensa y de la presunción de inocencia. Estos derechos permiten al imputado optar por defenderse de la manera que considere más conveniente, sin ser forzado o inducido a declarar contra sí mismo.

En el ámbito de los delitos contra la Hacienda pública, la persecución y enjuiciamiento pueden llevarse a cabo a través de tres vías: la apertura de diligencias previas por el juez de instrucción, la denuncia al Ministerio Fiscal y la actuación de la Administración tributaria mediante inspectores. Sin embargo, en el procedimiento inspector, no se garantiza plenamente el derecho a no autoincriminarse, lo que lleva a plantearse si se están respetando los derechos fundamentales en un proceso penal que se caracteriza por ser un derecho especialmente garantista.

El Tribunal Constitucional ha reiterado que la falta de colaboración del acusado con la Administración de Justicia no es sancionada y no pueden extraerse consecuencias negativas para él por ejercer su derecho a guardar silencio.

4.1. El delito contra la Hacienda pública

Delito contra la Hacienda pública

El título XIV, del libro II del Código Penal, regula los delitos contra la Hacienda pública y contra la Seguridad Social

Si nos centramos en el tipo básico del delito contra la Hacienda pública regulado en el artículo 305 del Código Penal podemos diferenciar tres elementos:

- **El elemento objetivo.** El tipo consiste en defraudar a la Hacienda pública cuando no se presente una declaración correcta. El delito puede cometerse tanto por acción como por omisión, pero **debe implicar una conducta engañosa por parte de un deudor tributario** que impida a la Administración tributaria conocer la realidad de la base imponible.

- **El elemento subjetivo.** Se trata de un **delito doloso**, que no admite la imprudencia. No se trata solo de dejar de ingresar una cantidad, sino que tiene que **defraudarse intencionadamente**. A estos efectos, la **STS n.º 543/2025, de 12 de junio, ECLI:ES:TS:2025:2571**, afirma que: «(...) *lo que el sujeto debe saber es: a) que está constituido como sujeto pasivo del tributo, y b) que aquellos actos que se le atribuyen tienen por finalidad eludir el cumplimiento de ese deber, con la importancia económica que exige el artículo 305 del Código Penal. Y lo que debe querer es precisamente lograr como resultado de sus actos impedir la efectividad recaudadora de Hacienda y la evitación del pago a que venía obligado"*, con lo cual, lo que se viene a decir es que basta la conciencia y voluntad defraudadora, para incurrir en el delito (...)».

- **El elemento cuantitativo.** La ley establece un **límite de 120.000 euros defraudados para considerar la conducta como delictiva**, ya que de estar ante una cuantía inferior nos encontraríamos ante una infracción tributaria y no ante un delito. A la hora de valorar este requisito hay que tener en cuenta lo dispuesto por el Tribunal Supremo, por ejemplo, en su **STS n.º 363/2022, de 8 de abril, ECLI:ES:TS:2022:1503**, que recuerda la importancia de que la liquidación que permita conocer la cantidad defraudada, la realice el tribunal penal:

  «(...) La liquidación no es competencia de la Administración Tributaria en caso de delito fiscal, pues conforme a lo prevenido en el art. 77.6º de la LGT, « en los supuestos en que la Administración Tributaria estime que las infracciones pudieran ser constitutivas de los delitos contra la Hacienda Pública, pasará el tanto de culpa a la jurisdicción competente y se abstendrá de seguir el procedimiento administrativo mientras la Autoridad judicial no dicte sentencia firme».

  En consecuencia, en los supuestos de delito fiscal la liquidación no se realiza por la Administración Tributaria sino por el propio Tribunal Penal (...)».

CUESTIÓN

1. ¿En qué puede consistir la conducta delictiva que da lugar al delito contra la Hacienda pública?

La conducta puede consistir en eludir:

– El pago de tributos.

– El pago de cantidades retenidas o que se hubieran podido retener.

– El pago de ingresos a cuenta de retribuciones en especie.

Además, la conducta también puede consistir en obtener:

– Devoluciones indebidas.

– Beneficios fiscales indebidos tales como bonificaciones, deducciones, exenciones...

2. ¿Qué ocurre cuando la cuantía de lo defraudado supera los 600.000 euros?

En estos casos se aplica un subtipo agravado del delito de defraudación a la Hacienda pública que aparece regulado en el **artículo 305 bis del Código Penal**, y que se aplica cuando la cuantía de la cuota defraudada exceda de 600.000 euros, la defraudación se haya cometido en el seno de una organización o de un grupo criminal, o la utilización de personas físicas o jurídicas o entes sin personalidad jurídica interpuestos, negocios o instrumentos fiduciarios o paraísos fiscales o territorios de nula tributación oculte o dificulte la determinación de la identidad del obligado tributario o del responsable del delito, la determinación de la cuantía defraudada o del patrimonio del obligado tributario o del responsable del delito.

JURISPRUDENCIA

STS n.º 523/2024, de 3 de junio, ECLI:ES:TS:2024:3218

Asunto: presupuestos típicos del delito contra la Hacienda pública tipificado en el artículo 305 del CP

«El citado precepto precisa para su aplicación de los siguientes presupuestos típicos: a) Un **autor caracterizado por ser deudor tributario**. Se trata de un "delito especial" que solamente puede cometer quien tiene esa condición. Lo que no exige que el autor lleve a cabo el comportamiento típico por su propia mano; b) un aspecto "esencialmente omisivo" en cuanto que supone la **infracción del deber de contribuir**, que la doctrina clasifica dentro de los "mandatos de determinación", que llevan a clasificar el delito dentro de la categoría de "en blanco"; c) pero que no se limita a la mera pasividad, por lo que, asume cualquiera de las modalidades de acción u omisión que el precepto citado prevé, lo que no basta es la mera elusión de la presentación de la preceptiva declaración y liquidación, o la inexactitud de ésta, ya que el **desvalor de la acción exige el despliegue de "una cierta conducta o artificio engañoso"**, que lleva a incluir este delito dentro de la categoría de los de "medios determinados" funcionales para mantener oculta a la Hacienda la existencia del hecho imponible; d) que requiere un resultado constituido por el **«perjuicio económico para la Hacienda»** que será típico si alcanza la cantidad fijada en la norma penal; e) que *este* **perjuicio derive de aquella actuación engañosa**, lo que excluye de la tipicidad los casos en que el comportamiento del sujeto no impide u obstaculiza de manera relevante la actuación de comprobación por la Hacienda para la efectividad de la recaudación, diferenciándose por ello de la mera infracción sancionada administrativamente"».

4.2. La actuación de la Administración tributaria en casos de delito contra la Hacienda pública

Actuación de la Administración tributaria en los delitos contra la Hacienda pública

El artículo 250 de la Ley General Tributaria regula la actuación de la Administración tributaria cuando aprecia indicios de delitos contra la Hacienda pública, en cuyo caso continuará la tramitación del procedimiento con arreglo a las normas generales que resulten de aplicación, sin perjuicio de que se pase el tanto de culpa a la jurisdicción competente o se remita el expediente al Ministerio Fiscal.

Como norma general, en estos casos se procederá a dictar liquidación de los elementos de la obligación tributaria objeto de comprobación, separando en liquidaciones diferentes aquellos que se encuentren vinculados con el posible delito contra la Hacienda pública y aquellos que no se encuentren vinculados con el posible delito.

En su caso, la **liquidación** que se dicte **relativa a los elementos de la obligación tributaria vinculados con el posible delito** se ajustará a lo dispuesto en el título VI de la LGT (artículos 250 a 259). En estos casos la Administración se abstendrá de iniciar o, en su caso, continuar, el procedimiento sancionador correspondiente a estos mismos hechos. Si se hubiese iniciado un procedimiento sancionador, de no haber concluido este con anterioridad, dicha conclusión se entenderá producida en el momento en que se pase el tanto de culpa a la jurisdicción competente o se remita el expediente al Ministerio Fiscal, independientemente de la posibilidad de iniciar un nuevo procedimiento sancionador en los casos en los que no se aprecie la existencia de delito.

Es importante destacar que la LGT afirma que la sentencia condenatoria de la autoridad judicial impedirá la imposición de sanción administrativa por los mismos hechos, garantizándose así el cumplimiento del principio *non bis in idem*. Así, se da cobertura a lo dispuesto por el Tribunal Constitucional en su **STC n.º 2/2003, de 16 de enero, ECLI:ES:TC:2003:2**, en la que se recuerda «(...) *la preferencia o precedencia de la autoridad judicial penal sobre la Administración respecto de su actuación en materia sancionadora en aquellos casos en los que los hechos a sancionar puedan ser, no sólo constitutivos de infracción administrativa, sino también de delito* (...)».

Cuando no se aprecie la existencia de delito, la Administración tributaria iniciará, si procede, el procedimiento sancionador administrativo conforme a los hechos que los tribunales hubieran declarado probados.

CUESTIONES

1. ¿Qué excepciones regula la LGT a la práctica de liquidaciones cuando existan indicios de delito contra la Hacienda pública?

El artículo 251.1 de la LGT recoge 3 supuestos en los que la Administración tributaria cuando aprecie indicios de delito contra la Hacienda pública, pasará el tanto de culpa a la jurisdicción competente o remitirá el expediente al Ministerio Fiscal, absteniéndose de practicar la liquidación, y que son los siguientes:

– Cuando la tramitación de la liquidación administrativa pueda ocasionar la prescripción del delito con arreglo a los plazos previstos en el artículo 131 del Código Penal.

– Cuando de resultas de la investigación o comprobación, no pudiese determinarse con exactitud el importe de la liquidación o no hubiera sido posible atribuirla a un obligado tributario concreto.

– Cuando la liquidación administrativa pudiese perjudicar de cualquier forma la investigación o comprobación de la defraudación.

Hay que tener en cuenta que en estos casos no se concederá trámite de audiencia o alegaciones al obligado tributario.

Además, la Administración deberá abstenerse de iniciar, o continuar, el procedimiento administrativo, que permanecerá en suspenso en tanto la autoridad judicial no dicte sentencia firme, tenga lugar el sobreseimiento o el archivo de las actuaciones o se produzca la devolución del expediente por el Ministerio Fiscal. Si el procedimiento sancionador estuviese iniciado, se entenderá concluido en el momento en el que se pase el tanto de culpa a la jurisdicción competente o se remita el expediente a la Fiscalía.

2. ¿Qué ocurre cuando existen conductas que puedan ser constitutivas de un delito contra la Hacienda pública junto con otras que no lo son?

En estos casos el artículo 253.3 de la LGT dispone que cuando por un mismo concepto impositivo y periodo, quepa distinguir elementos en los que se aprecia una conducta dolosa que pueda ser determinante de un delito contra la Hacienda pública, junto con otros elementos y cuantías a regularizar respecto de los que no se aprecia esa conducta dolosa, se efectuarán dos liquidaciones de forma separada.

3. ¿Cómo influye la resolución judicial que pone fin al proceso penal en la liquidación tributaria?

Tal y como recoge el artículo 257 de la LGT la liquidación dictada por la Administración se ajustará a lo que se determine finalmente en el proceso penal tanto en lo relacionado con la existencia como con la cuantía de la defraudación. Este ajuste se realizará de la siguiente forma:

«a) Si en el proceso penal se dictara sentencia condenatoria por delito contra la Hacienda Pública y en dicho proceso se determinara una cuota defraudada idéntica a la liquidada en vía administrativa, no será necesario modificar la liquidación realizada, sin perjuicio de la liquidación de los intereses de demora y recargos que correspondan.

Si la cuantía defraudada que se determinara en el proceso penal difiriera, en más o en menos, de la fijada en vía administrativa, la liquidación dictada al amparo del artículo 250.2 de esta Ley deberá modificarse. En este caso, subsistirá el acto inicial, que será rectificado de acuerdo con el contenido de la sentencia para ajustarse a la cuantía fijada en el proceso penal como cuota defraudada.

Dicha modificación, practicada por la Administración Tributaria al amparo de lo dispuesto en el párrafo anterior, no afectará a la validez de las actuaciones recaudatorias realizadas, respecto de la cuantía confirmada en el proceso penal.

El acuerdo de modificación se trasladará al Tribunal competente para la ejecución, al obligado al pago y a las demás partes personadas en el procedimiento penal.

Si la cuantía defraudada que se determinara en el proceso penal fuese inferior a la fijada en vía administrativa, serán de aplicación las normas generales establecidas al efecto en la normativa tributaria en relación con las devoluciones de ingresos y el reembolso del coste de las garantías.

b) Si en el proceso penal no se apreciara finalmente la existencia de delito por inexistencia de la obligación tributaria, la liquidación administrativa será anulada siendo de aplicación las normas generales establecidas al efecto en la normativa tributaria en relación con las devoluciones de ingresos y el reembolso del coste de las garantías.

c) Si en el proceso penal se dictara resolución firme, no apreciándose delito por motivo diferente a la inexistencia de la obligación tributaria, procederá la retroacción de las actuaciones inspectoras al momento anterior en el que se dictó la propuesta de liquidación vinculada a delito prevista en el artículo 253.1 de esta Ley, teniendo en cuenta los hechos que el órgano judicial hubiese considerado probados, procediendo la formalización del acta, que se tramitará de acuerdo con lo establecido en esta Ley y su normativa de desarrollo».

4. Una liquidación vinculada a un delito realizada por la Administración tributaria al amparo del artículo 250.1 de la LGT, ¿puede servir de base para llevar a cabo la inclusión del deudor que no pague en los listados de morosos del artículo 95 bis de la LGT?

No, tal y como señala el Tribunal Supremo en su sentencia n.º 131/2023, de 2 de febrero, ECLI:ES:TS:2023:216, estas liquidaciones no cumplen los requisitos del artículo 95 bis de la LGT para la inclusión del deudor en un listado de morosos dada la instrumentalidad de dichas liquidaciones. Aclara el TS que «(...) sólo la sentencia penal condenatoria por delito contra la Hacienda Pública permitiría la inclusión del deudor sometido a esa clase de liquidaciones, con independencia de que la deuda estuviera o no suspendida».

JURISPRUDENCIA

Sentencia del Tribunal Supremo n.º 131/2023, de 2 de febrero, ECLI:ES:TS:2023:216

Asunto: La liquidación vinculada al delito (LVD) y su compatibilidad con el procedimiento penal

«Pues bien, el régimen legal de los artículos 250 y siguientes de la LGT estatuye un sistema de compatibilidad entre la sospecha de delito y la fijación de una deuda tributaria -y su cobro, bajo control judicial- en la medida en que su impago pudiera determinar, en un juicio anticipatorio, conjetural, provisional, efectuado por la Administración, la comisión de un delito, a efectos de su denuncia, esto es, de la puesta en conocimiento del juez penal de los hechos.

Y esos hechos se comunican a través de la LVD, máxime si se tiene en cuenta que el delito contra la Hacienda Pública solo es posible cuando se cumple el tipo penal y, entre otras previsiones, la de la cuantía mínima de la cuota defraudada, de 120.000 euros (art. 305.1 del Código Penal). La lábil barrera entre los conceptos de liquidación vinculada al delito y la liquidación eventual que quepa sin vinculación a él no revela otra cosa que la condición de ese juicio como instrumental, interino y circunstancial, en tanto es el juez penal quien debe determinar la deuda, entre otros elementos normativos, en trance de enjuiciar si se ha cometido o no el delito contra la Hacienda pública y restablecer el orden jurídico causado como consecuencia del incumplimiento de los deberes fiscales».

4.3. La autoincriminación en los delitos contra la Hacienda pública

Autoincriminación en delitos contra la Hacienda pública

El artículo 24.2 de la Constitución recuerda a los ciudadanos que todos tienen derecho a no declarar contra sí mismos y a no confesarse culpables. Del mismo modo, y conforme señala el Tribunal Europeo de Derechos Humanos, estos derechos también se desprenderían del artículo 6.2 del Convenio para la Protección de los Derechos Humanos y de las Libertades Fundamentales, hecho en Roma el 4 noviembre de 1950, al formar parte del derecho a un juicio justo (en este sentido, por ejemplo, la sentencia del Tribunal Europeo de Derechos Humanos 18731/91, de 8 de febrero de 1996, dictada en el caso John Murray contra el Reino Unido). También la sentencia del Tribunal Europeo de Derechos Humanos 10828/84, de 25 de febrero de 1993, dictada en el caso Funke, se pronuncia en este sentido y anula una sanción impuesta por no aportar documentación a un proceso abierto por la Administración de aduanas, al entender vulnerado el artículo 6.1 del Convenio para la Protección de los Derechos Humanos y de las Libertades fundamentales.

Los derechos fundamentales a no declarar contra uno mismo y a no confesarse culpables están estrechamente relacionados con los derechos de defensa y a la presunción de inocencia, de los que constituyen una manifestación concreta.

Centrándonos en el ámbito de los delitos contra la Hacienda pública, hay que tener en cuenta que el procedimiento puede iniciarse:

- Directamente por el Ministerio Fiscal, cualquier persona puede poner en conocimiento de la fiscalía hechos delictivos.

- Directamente en sede judicial, tras una denuncia o querella presentada en el juzgado.

- O, lo que viene siendo el modo más habitual de comenzar el proceso judicial, a través de la Administración tributaria, que cuando aprecia indicios de delito remite el expediente al Ministerio Fiscal.

Si bien en los dos primeros supuestos los derechos fundamentales se encuentran garantizados, se plantean **dudas en el supuesto de que el procedimiento penal se inicie tras una actuación de la Inspección,** ya que el hecho de que **en el procedimiento inspector exista un deber de colaboración que de manera coactiva obligue al contribuyente a facilitar información y a aportar documentación** (artículo 93 de la LGT), y que la **información así obtenida pase a formar parte del procedimiento penal podría dar lugar a cierta vulneración del derecho fundamental a no autoincriminarse.** No podemos olvidar que el contribuyente que no colabore con la Inspección se encuentra con las sanciones reguladas en el artículo 203 de la LGT que pueden llegar a alcanzar los 600.000 euros.

La tendencia legislativa de los últimos tiempos en el ámbito procesal penal muestra una notable preocupación del legislador penal por los derechos de información de quienes se van a ver inmersos en un procedimiento criminal, incidiendo esa garantía en la necesidad de mantener detallada y pormenorizadamente informado al detenido de todos los cargos por los que está siendo investigado, incluso en sede policial (artículos 520 y siguientes de la Ley de Enjuiciamiento Criminal). Hay que recordar que, incluso antes de que el detenido se encuentre ante la autoridad judicial, todas las garantías de carácter informativo en cuanto a los derechos fundamentales que le asisten quedan protegidas por imperativo legal, siendo los funcionarios policiales los primeros garantes del derecho en cuestión.

Esta toma de conocimiento no existe en el procedimiento inspector que podría generar repercusiones de carácter penal frente al investigado. Por ello, una gran parte de la doctrina considera que de esta circunstancia se podría generar una vulneración a la tutela judicial efectiva, ya que en el procedimiento ante la Administración tributaria se ignoran todos los derechos y garantías constitucionales recogidos en el artículo 24 de la Constitución, que son tenidos en cuenta y consideración en sede judicial, cuando la Administración tributaria pone los hechos en conocimiento del Ministerio Fiscal o interpone la pertinente querella. Esta materia es, pues, susceptible de tratamiento legislativo futuro para su fortalecimiento, en aras a una protección integral del derecho constitucional a no confesarse culpable dentro del ámbito administrativo.

En este sentido el Tribunal Constitucional en su **STC n.º 54/2015, de 16 de marzo, ECLI:ES:TC:2015:54,** recuerda que «*En relación a la garantía de no autoincriminación en el ámbito tributario, el Tribunal Europeo de Derechos Humanos se ha pronunciado, entre otras, en las Sentencias de 17 de diciembre de 1996, caso Saunders c. Reino Unido, y de 19 de septiembre de 2000, caso I.J.L. y otros c. Reino Unido, donde advierte que, si de acuerdo con la legislación aplicable la declaración ha sido* **obtenida bajo medios coactivos,** *esta información* **no puede ser alegada como prueba en el posterior juicio de la persona interesada,** *aunque tales declaraciones se hayan realizado antes de ser acusado*».

También resulta relevante lo dispuesto por el Tribunal Supremo en su **STS n.º 374/2017, de 24 de mayo, ECLI:ES:TS:2017:1885,** en la que además de recalcar que en el caso analizado las declaraciones realizadas en el procedimiento inspector no fueron empleadas para justificar la condena, también afirma que **el derecho a no autoincriminarse no es un derecho irrenunciable,** y por ello el acusado puede declarar cuantas veces desee, pero siempre advertido del derecho a no hacerlo que le asiste.

Nuestro Alto Tribunal sostiene que **el derecho a la no autoincriminación garantiza el respeto a la decisión de la persona investigada o acusada a mantenerse en silencio, pero no se extiende a impedir o prohibir la utilización del material probatorio obtenido bajo conminación pública cuando este exista independientemente de la voluntad de la persona investigada,** siempre y cuando en su obtención se haya respetado el principio de proporcionalidad. Así se recoge en la **STS n.º 363/2022, de 8 de abril, ECLI:ES:TS:2022:1503,** en la que se añade que «*En la STS nº 277/2018, de 8 de junio, se resumía el estado de la cuestión diciendo que "del Tribunal de*

Luxemburgo han emanado algunos pronunciamientos que proporcionan base para establecer que cuando existe una obligación legal de colaborar con la actuación inspectora de la Administración, no tendrá juego ninguno el derecho a no colaborar con la propia incriminación (sentencia de 18 de octubre de 1989, caso Orkem ; sentencia del Tribunal de Primera Instancia de 20 de octubre de 2001, caso Mannesmannröhren; o sentencia de 25 de enero de 2007, de la Sala Primera del Tribunal de Justicia, caso Dalmine). Se diferencia entre lo que son declaraciones y lo que es aportar documentación: lo que ampara tal derecho es la negativa a contestar preguntas directamente incriminadoras"».

RESOLUCIONES RELEVANTES

Sentencia del Tribunal Constitucional n.º 18/2005, de 1 de febrero, ECLI:ES:TC:2005:18

Asunto: conceptuación de los derechos a no declarar contra uno mismo y a no confesarse culpable como manifestaciones concretas de los derechos de defensa y a la presunción de inocencia

«A diferencia del Convenio europeo para la protección de los derechos humanos y de las libertades fundamentales (en adelante, CEDH), nuestra Constitución sí menciona específicamente en su art. 24.2 los derechos a "no declarar contra sí mismos" y a "no confesarse culpables", que, como venimos señalando, están estrechamente relacionados con los derechos de defensa y a la presunción de inocencia, de los que constituye una manifestación concreta (STC 161/1997, de 2 de octubre, FJ 5). En particular, hemos afirmado que los derechos a no declarar contra sí mismos y a no confesarse culpables "son garantías o derechos instrumentales del genérico derecho de defensa, al que prestan cobertura en su manifestación pasiva, esto es, la que se ejerce precisamente con la inactividad del sujeto sobre el que recae o puede recaer una imputación, quien, en consecuencia, puede optar por defenderse en el proceso en la forma que estime más conveniente para sus intereses, sin que en ningún caso pueda ser forzado o inducido, bajo constricción o compulsión alguna, a declarar contra sí mismo o a confesarse culpable" [SSTC 197/1995, de 21 de diciembre, FJ 6; 161/1997, de 2 de octubre, FJ 5; 229/1999, de 13 de diciembre, FJ 3 b); 127/2000, de 16 de mayo, FJ 4 a); 67/2001, de 17 de marzo, FJ 6]. Y hemos declarado asimismo que los citados derechos "entroncan también con una de las manifestaciones del derecho a la presunción de inocencia: la que sitúa en la acusación la carga de la prueba; esta carga no se puede trocar fácticamente haciendo recaer en el imputado la obligación de aportar elementos de prueba que supongan una autoincriminación" (161/1997, de 2 de octubre, FJ 5)».

Sentencia del Tribunal Constitucional n.º 75/2007, de 16 de abril, ECLI:ES:TC:2007:75

Asunto: la legislación española no sanciona la falta de colaboración del acusado con la Administración de justicia y no pueden extraerse consecuencias negativas para él solo porque ejerza su derecho a guardar silencio

«En efecto, existe una consolidada doctrina de este Tribunal que considera que los derechos a no declarar contra sí mismo y a no confesarse culpable guardan una estrecha conexión con la presunción de inocencia y con el derecho de defensa (SSTC 197/1995, de 21 de diciembre, FJ 6; 161/1997, de 2 de octubre, FJ 5; 127/2000, de 16 de mayo, FJ 4; 67/2001, de 17 de marzo, FJ 6; y 18/2005, de 1 de febrero, FJ 2, entre otras). En virtud del derecho a la presunción de inocencia la carga de la prueba en el proceso penal corresponde a la acusación, sin que pueda hacerse recaer en el acusado la obligación de aportar elementos de prueba que supongan una autoin-

criminación (SSTC 161/1997, de 2 de octubre, FJ 5, y 18/2005, de 1 de febrero, FJ 2, entre otras). Vertiente que, como se puso de manifiesto en los fundamentos precedentes, ha sido plenamente respetada en el proceso penal del que dimana el presente amparo, pues, pese a la negativa de los hechos por los acusados, existió válida prueba de cargo para desvirtuar la presunción de inocencia.

Pero, asimismo, estos derechos constituyen garantías o derechos instrumentales del genérico derecho de defensa del acusado, "quien, en consecuencia, puede optar por defenderse en el proceso en la forma que estime más conveniente para sus intereses, sin que en ningún caso pueda ser forzado o inducido, bajo constricción o compulsión alguna, a declarar contra sí mismo o a confesarse culpable" (SSTC 197/1995, de 21 de diciembre, FJ 6; 161/1997, de 2 de octubre, FJ 5; 127/2000, de 16 de mayo, FJ 4; 67/2001, de 17 de marzo, FJ 6; y 18/2005, de 1 de febrero, FJ 2, entre otras). Por otra parte, la legislación española no sanciona la falta de colaboración del acusado con la Administración de Justicia (SSTC 127/2000, de 16 de mayo, FJ 4, y 67/2001, de 17 de marzo, FJ 7) y no lo somete a la obligación jurídica de decir la verdad (SSTC 198/2006, de 3 de julio, FJ 4; 142/2006, de 8 de mayo, FJ 3; 30/2005, de 14 de febrero, FJ 4; 18/2005, de 2 de febrero, FJ 3; y 155/2002, de 22 de julio, FJ 11), sin que puedan por tanto extraerse consecuencias negativas para el acusado exclusivamente del ejercicio del derecho a guardar silencio (SSTC 127/2000, de 16 de mayo, FJ 4; 202/2000, de 24 de julio, FJ 5; y 67/2001, de 17 de marzo, FJ 7), o de los derechos a no declarar contra sí mismo y a no confesarse culpable».

Sentencia del Tribunal Supremo n.º 507/2020, de 14 de octubre, ECLI:ES:TS:2020:3191

Asunto: la atenuante de confesión, que liga un efecto beneficioso a la confesión voluntariamente prestada, no priva del derecho a no confesar

«En relación a la atenuante de confesión el art. 21.4 CP, la jurisprudencia de esta Sala, SSTS 1071/2006, de 9 de diciembre; 544/2007, de 21 de junio; 25/2008, de 29 de enero; 6/2010, de 27 de enero; 246/2011, de 14 de abril; 708/2014, de 6 de noviembre; 695/2016, de 28 de julio; 784/2017, de 30 de marzo, ha puesto de relieve que la razón, la atenuante no estriba en el factor subjetivo de pesar y contrición, sino en el dato objetivo de la realización de actos de colaboración a la investigación del delito. Se destaca como elemento integrante de la atenuante, el cronológico, consistente en que el reconocimiento de los hechos se verifique antes de que el inculpado conozca que es investigado procesal o judicialmente por los mismos. En el concepto de procedimiento judicial se incluye la actuación policial (SSTS. 21.3.97 y 22.6.2001), que no basta con que se haya abierto, como se decía en la regulación anterior, para impedir el efecto atenuatorio a la confesión, sino que la misma tendrá la virtualidad si aún no se había dirigido el procedimiento contra el culpable, lo que ha de entenderse en el sentido de que su identidad aún no se conociera. La razón de ser del requisito es que la confesión prestada, cuando ya la Autoridad conoce el delito y la intervención en el mismo del inculpado, carece de valor auxiliar a la investigación. Otro requisito de la atenuante es el de la veracidad sustancial de las manifestaciones del confesante, sólo puede verse favorecido con la atenuante la declaración sincera, ajustada a la realidad, sin desfiguraciones o falacias que perturben la investigación, rechazándose la atenuante cuando se ofrece una versión distinta de la luego comprobada y reflejada en el "factum", introduciendo elementos distorsionantes de lo realmente acaecido (SSTS. 22.1.97, 31.1.2001). Tal exigencia de veracidad en nada contradice los derechos constitucionales "a no declarar contra sí mismo" y "a no confesarse culpable" puesto que ligar un efecto beneficioso o la confesión voluntariamente prestada, no es privar del derecho fundamental a no confesar si no se quiere (STC. 75/87 de 25.5)».

Sentencia del Tribunal Supremo n.º 1075/2020, de 23 de julio, ECLI:ES:TS:2020:2687

Asunto: manifestaciones del derecho a no autoinculparse

«Ahora bien, de acuerdo con el Tribunal Europeo de Derechos Humanos el derecho a no autoincriminarse es un derecho que puede manifestarse de dos formas distintas, en función de las circunstancias concurrentes: de una parte, puede manifestarse como el derecho de todo imputado en un procedimiento punitivo ('acusado en materia penal')a no aportar si no lo desea información autoincriminatoria que le reclame el poder público (entre otras, en este sentido, SSTEDH de 25 de febrero de 1993, asunto Funke c. Francia; de 21 de diciembre de 2000, asunto Heaney y McGuinness c. Irlanda; y de 3 de mayo de 2001, asunto J. B. c. Suiza); y, de otra parte, puede concretarse en el derecho de toda persona a que la información que se ha visto obligada o inducida a aportar al poder público sin su consentimiento en el curso de cualquier procedimiento no se emplee para fundamentar ulteriormente contra ella una condena penal o una sanción administrativa (SSTEDH de 17 de diciembre de 1996, asunto Saunders c. Reino Unido; de 19 de septiembre de 2000, asunto I.J.L., G.M.R, y A.K.P. c. Reino Unido; o, en fin, de 27 de abril de 2004, asunto Kansal c. Reino Unido).

A esta segunda manifestación del derecho a no autoincriminarse se ha referido nuestro Tribunal Constitucional en la STC 54/2015, de 16 de marzo, que resuelve un recurso de amparo interpuesto en materia específicamente tributaria. En el FJ 7 de ese pronunciamiento señala, expresamente, lo que sigue: ' En relación a la garantía de no autoincriminación en el ámbito tributario, el Tribunal Europeo de Derechos Humanos se ha pronunciado, entre otras, en las Sentencias de 17 de diciembre de 1996, caso Saunders c. Reino Unido, y de 19 de septiembre de 2000, caso I.J.L. y otros c. Reino Unido, donde advierte que, si de acuerdo con la legislación aplicable la declaración ha sido obtenida bajo medios coactivos, esta información no puede ser alegada como prueba en el posterior juicio de la persona interesada, aunque tales declaraciones se hayan realizado antes de ser acusado' (...)».

5.
LA INCRIMINACIÓN DEL CONTRIBUYENTE EN EL PROCEDIMIENTO INSPECTOR

Procedimiento inspector

Los derechos y libertades reconocidos en el capítulo II del título I de la CE vinculan a todos los poderes públicos conforme establece el artículo 53.1 de la CE. Esta previsión supone que la Administración tributaria también está vinculada a esos derechos, entre los que se encuentra la presunción de inocencia; sin embargo, en el inicio del procedimiento inspector se producen dos actuaciones que pueden resultar contrarias a este derecho:

- La asignación automática por el plan de inspección de una «deuda media» al contribuyente inspeccionado.

- La interrupción *ope legis* del plazo de prescripción para imponer las sanciones tributarias que puedan derivarse de la regularización propuesta por la inspección.

5.1. El objeto del procedimiento inspector

¿Cuál es el objeto del procedimiento inspector?

El artículo 145 de la LGT establece que procedimiento de inspección tendrá por objeto comprobar e investigar el adecuado cumplimiento de las obligaciones tributarias y en el mismo se procederá, en su caso, a la regularización de la situación tributaria del obligado mediante la práctica de una o varias liquidaciones.

La comprobación se dirigirá a los actos, elementos y valoraciones consignados por los obligados tributarios en sus declaraciones. La investigación tendrá por finalidad descubrir la existencia, en su caso, de hechos con relevancia tributaria no declarados o declarados incorrectamente por los obligados tributarios.

5.2. La planificación de las actuaciones inspectoras

Planificación de actuaciones inspectoras

La planificación comprenderá estrategias y objetivos generales de las actuaciones inspectoras y se concretará en el conjunto de planes y programas definidos sobre sectores económicos, áreas de actividad, operaciones y supuestos de hecho, relaciones jurídico-tributarias u otros, conforme a los que los órganos de inspección deberán desarrollar su actividad.

El artículo 116 de la LGT establece que la Administración tributaria elaborará anualmente un plan de control tributario el cual tendrá carácter reservado, aunque ello no impida que se hagan públicos los criterios generales que lo informen. Dentro de éste cada Administración tributaria integrará el plan o los planes parciales de inspección, que se basarán en los criterios de riesgo fiscal, oportunidad, aleatoriedad u otros que estimen pertinentes.

El plan o los planes parciales de inspección recogerán los programas de actuación, ámbitos prioritarios y directrices que sirvan para seleccionar a los obligados tributarios sobre los que deban iniciarse actuaciones inspectoras en el año de que trate. Estos planes en curso de ejecución podrán ser objeto de revisión, bien de oficio o bien a propuesta de los órganos territoriales.

Los planes de inspección, los medios informáticos de tratamiento de información y los demás sistemas de selección de los obligados tributarios que vayan a ser objeto de actuaciones inspectoras tendrán carácter reservado, no serán objeto de publicidad o de comunicación ni se pondrán de manifiesto a los obligados tributarios ni a órganos ajenos a la aplicación de los tributos.

CUESTIÓN

¿Qué sucede con los tributos cedidos por el Estado a las comunidades autónomas?

En este caso las comunidades autónomas dispondrán de plena autonomía para elaborar sus propios planes de inspección con adecuación a su respectiva estructura orgánica. No obstante, en caso de que se hayan aprobado planes conjuntos de actuaciones inspectoras, las correspondientes Administraciones tributarias deberán adecuar sus respectivos planes de inspección a los criterios generales establecidos en los planes conjuntos por ellas aprobados, en relación con aquellas cuestiones o aspectos previstos en los mismos.

5.3. La inclusión en el plan de inspección

Inclusión en el plan de inspección

El artículo 87 del RGAT establece que la iniciación de oficio de las actuaciones y procedimientos requerirá acuerdo del órgano competente para su inicio, por propia iniciativa, como consecuencia de orden superior o a petición razonada de otros órganos.

> **CUESTIÓN**
>
> **¿Qué órgano es el competente para iniciar las actuaciones de comprobación e inspección?**
>
> De conformidad con el artículo cinco.2.a) de la Resolución de 24 de marzo de 1992, de la Agencia Estatal de Administración Tributaria, sobre organización y atribución de funciones a la inspección de los tributos en el ámbito de la competencia del Departamento de Inspección Financiera y Tributaria, le corresponde al inspector jefe ordenar el inicio de las actuaciones de comprobación e investigación, así como su alcance y extensión.

La determinación del órgano competente para liquidar a los obligados tributarios que vayan a ser objeto de comprobación en ejecución del correspondiente plan de inspección tiene el carácter de acto de mero trámite y por tanto no podrá ser objeto de recurso o reclamación económico-administrativa. Para esta determinación se podrán tener en cuenta las propuestas formuladas por los órganos con funciones de aplicación de los tributos.

Con relación a la notificación al contribuyente de su inclusión en el plan concreto el Tribunal Supremo ha señalado que la Administración tributaria no está obligada a realizar esta notificación. Esta doctrina la ha recogido en la sentencia, rec. 164/2008, de 30 de noviembre de 2011, ECLI:ES:TS:2011:7951:

> «(...) La jurisprudencia sostiene que esa conclusión, la de no quedar obligada la Administración a notificar al interesado su concreta inclusión en los planes de la inspección, resulta operativa antes y después de la entrada en vigor de la Ley 1/1998 , [sentencias de 20 de octubre de 2000 (casación 505/93, FFJJ 3 ° y 4°); 17 de febrero de 2001 (casación 8312/95, FJ 2 °); y 4 de octubre de 2004 (casación 8778/99 , FJ 2°)]. Esta circunstancia no crea ninguna indefensión, pues queda indemne el derecho del sujeto pasivo a participar en el procedimiento y en las actuaciones inspectoras, conforme a lo previsto en los artículos 29 y siguientes del propio Reglamento. Las mencionadas sentencias de 1993 subrayan que los citados artículos 18 y 19 se refieren a actuaciones organizativas del Servicio de Inspección, que ninguna relación guardan con el procedimiento de generación de actos administrativos singulares».

5.4. El inicio de las actividades inspectoras

¿Cómo se inician las actividades inspectoras?

El procedimiento de inspección se iniciará:

- De oficio
- A petición del obligado tributario.

> **A TENER EN CUENTA**. Los obligados tributarios deben ser informados al inicio de las actuaciones del procedimiento de inspección sobre la naturaleza y alcance de las mismas, así como sus derechos y obligaciones en el curso de tales actuaciones.

|| Iniciación de oficio

En este caso el procedimiento de inspección podrá iniciarse mediante comunicación notificada al obligado tributario para que se persone en el lugar, día y hora que se señale y tenga a disposición de los órganos de inspección o aporte la documentación y demás elementos que estimen necesarios. Ahora bien, cuando se estime conveniente el procedimiento de inspección podrá iniciarse sin previa comunicación mediante personación en la empresa, oficinas, dependencias, instalaciones, centros de trabajo o almacenes del obligado tributario o donde exista alguna prueba de la obligación tributaria, aunque sea parcial. En este caso, las actuaciones se entenderán con el obligado tributario si estuviese presente y, de no estarlo, con los encargados o responsables de tales lugares.

|| Iniciación a petición del obligado tributario

Todo obligado tributario que esté siendo objeto de unas actuaciones de inspección de carácter parcial podrá solicitar a la Administración tributaria que las mismas tengan carácter general respecto al tributo y, en su caso, períodos afectados, sin que tal solicitud interrumpa las actuaciones en curso.

La solicitud deberá formularse por escrito dirigido al órgano competente para liquidar o comunicarse expresamente al actuario, quien deberá recoger esta manifestación en diligencia y dará traslado al órgano competente para liquidar. El plazo para la presentación de la solicitud es de 15 días desde la notificación del inicio de las actuaciones inspectoras de carácter parcial.

La Administración tributaria deberá ampliar el alcance de las actuaciones o iniciar la inspección de carácter general en el plazo de 6 meses desde la solicitud. El incumplimiento de este plazo determinará que las actuaciones inspectoras de carácter parcial no interrumpan el plazo de prescripción para comprobar e investigar el mismo tributo y período con carácter general.

CUESTIONES

1. ¿Qué contenido debe tener la solicitud del obligado tributario?

Conforme establece el artículo 88.2 del RGAT la solicitud deberá contener, al menos:

– Nombre y apellidos o razón social o denominación completa, número de identificación fiscal del obligado tributario y, en su caso, del representante.

– Hechos, razones y petición en que se concrete la solicitud.

– Lugar, fecha y firma del solicitante o acreditación de la autenticidad de su voluntad expresada por cualquier medio válido en derecho.

– Órgano al que se dirige.

2. ¿Es posible la inadmisión de la solicitud?

Sí, el artículo 179.3 del RGAT establece que podrá inadmitirse por no cumplir los requisitos del artículo 149 de la LGT. En este caso la inadmisión deberá estar motivada y ser notificada al obligado tributario. Contra el acuerdo de inadmisión no podrá interponerse recurso de reposición ni reclamación económico-administrativa, sin perjuicio de pueda reclamarse contra el acto que ponga fin a la vía administrativa.

5.5. La interrupción de la prescripción de las infracciones tributarias

Interrupción de la prescripción de las infracciones tributarias

El artículo 189 de la LGT establece que la responsabilidad de las infracciones tributarias se extinguirá por dos causas:

- Fallecimiento del sujeto infractor.

- Transcurso del plazo de prescripción para imponer las correspondientes sanciones.

El plazo de prescripción para la imposición de sanciones tributarias es de 4 años, y comienza a contarse desde el momento en el que se cometieron las correspondientes infracciones. Este plazo se verá interrumpido por alguna de las siguientes actuaciones:

- Cualquier acción de la Administración tributaria, realizada con conocimiento formal del interesado, conducente a la imposición de la sanción tributaria. Las acciones administrativas conducentes a la regularización de la situación tributaria del obligado interrumpirán el plazo de prescripción para imponer las sanciones tributarias que puedan derivarse de dicha regularización.

- Por la interposición de reclamaciones o recursos de cualquier clase, por la remisión del tanto de culpa a la jurisdicción penal, así como por las actuaciones realizadas con conocimiento formal del obligado en el curso de dichos procedimientos.

A TENER EN CUENTA. La prescripción se aplicará de oficio, sin que sea necesario que la invoque el interesado.

JURISPRUDENCIA

Sentencia del Tribunal Supremo n.º 734/2020, de 10 de junio, ECLI:ES:TS:2020:1662

Asunto: Efecto en el plazo de prescripción del exceso en el plazo máximo de duración del procedimiento inspector

«*La Sala actúa correctamente, no entra a analizar la validez de la liquidación por ser un acto firme por no haberse recurrido en tiempo, pero sí entra a dilucidar los motivos alegados contra la sanción, entre los que sin duda se encontraba, ya se ha visto, el exceso del plazo en el procedimiento inspector, como es analizado y confirmado por la Sala juzgadora, cuyo efecto es que no ha interrumpido el plazo de prescripción. La Sala de instancia no prescinde de los efectos de la confirmación de la liquidación, todo lo contrario ante la extemporaneidad de la reclamación ante el TEAR, se aparta de entrar a analizar la corrección de la liquidación, pero coherentemente entra a analizar si el procedimiento seguido para liquidar ha interrumpido o no la prescripción en tanto que este dato es esencial para comprobar si, conforme al art. 189.3.a) de la LGT, las acciones seguidas para regularizar la situación tributaria del obligado poseían la virtualidad de interrumpir el plazo de prescripción; por tanto la validez de la liquidación, en contra de lo manifestado por el Sr. Abogado del Estado, no comporta, sin más que el procedimiento inspector y todas sus actuaciones tendentes a la regularización de la situación tributaria hayan producido el efecto interruptivo de la prescripción tanto del derecho a liquidar como del derecho a sancionar.*

La respuesta a la cuestión planteada de si, habiéndose excedido las actuaciones del procedimiento inspector del plazo máximo de duración previsto legalmente, interrumpe el plazo de prescripción para imponer sanciones tributarias el acuerdo de liquidación que regulariza la situación tributaria del obligado y que ha adquirido firmeza ante la extemporaneidad del recurso o reclamación formulada contra el mismo, debe ser que el acuerdo de liquidación dictado en un procedimiento concluido dentro del plazo legalmente instituido al efecto o de haberse finalizado excediéndose del plazo para su finalización pero dentro del período de prescripción si posee virtualidad para interrumpir el plazo de prescripción; sin embargo, el acuerdo de liquidación dictado fuera de plazo legalmente dispuesto para la finalización del procedimiento y una vez transcurrido el plazo de prescripción no posee virtualidad para interrumpir el plazo de prescripción».

5.6. La incriminación del sujeto inspeccionado: derecho a la presunción de inocencia

Derecho a la presunción de inocencia

Los principios del orden penal resultan aplicables, con ciertos matices, en el procedimiento administrativo sancionador y en consecuencia en el procedimiento sancionador tributario. Centrando nuestra atención en el derecho a la presunción de inocencia debemos recordar lo señalado por el Tribunal Constitucional en la **sentencia n.º 76/1990, de 26 de abril, ECLI:ES:TC:1990:76,** en la que estableció:

> «En efecto, no puede suscitar ninguna duda que la presunción de inocencia rige sin excepciones en el ordenamiento sancionador y ha de ser respetada en la imposición de cualesquiera sanciones, sean penales, sean administrativas en general o tributarias en particular, pues el ejercicio del ius puniendi en sus diversas manifestaciones está condicionado por el art. 24.2 de la Constitución al juego de la prueba y a un procedimiento contradictorio en el que puedan defenderse las propias posiciones. En tal sentido, el derecho a la presunción de inocencia comporta: que la sanción esté basada en actos o medios probatorios de cargo o incriminadores de la conducta reprochada; que la carga de la prueba corresponda a quien acusa, sin que nadie esté obligado a probar su propia inocencia; y que cualquier insuficiencia en el resultado de las pruebas practicadas, libremente valorado por el órgano sancionador, debe traducirse en un pronunciamiento absolutorio».

Este derecho supone que la Administración está obligada a probar la culpabilidad del presunto infractor lo que conlleva a que la insuficiencia en el resultado de las pruebas practicadas, libremente valoradas por el órgano sancionador, debe traducirse en un procedimiento absolutorio.

El derecho a la presunción de inocencia presenta dos vertientes: procedimental y extraprocedimental.

En su **vertiente procedimental** significa que toda sanción debe ir siempre precedida de una actividad probatoria de cargo, tal como tiene declarado el Tribunal Constitucional en sentencias como la STC n.º 123/1997, de 1 de julio, ECLI:ES:TC:1997:123, «(...) *la Sentencia condenatoria ha de fundamentarse en auténticos actos de prueba, debiendo ser la prueba practicada suficiente para generar en el Tribunal la evidencia de la existencia no sólo del hecho punible, sino también la responsabilidad penal que en él tuvo el acusado* (...)». Por tanto, podemos decir, que el derecho a la presunción de inocencia tiene las siguientes consecuencias procedimentales:

- Toda sanción debe estar sustentada en una actividad probatoria de cargo suficiente para calificar la ilicitud de la conducta reprochada.
- Las pruebas que se hayan obtenido deben ser lícitas.
- La carga de la prueba recae sobre la parte acusadora, sin que nadie se encuentre obligado a probar su inocencia.

Por cuanto se refiere a la **vertiente extraprocedimental** supone que el inculpado debe ser considerado como inocente hasta que existan pruebas de cargo suficientes para que se rompa esa presunción.

Visto lo anterior se plantea la cuestión de si este derecho a la presunción de inocencia también resulta de aplicación en el procedimiento de inspección y, en caso afirmativo, si la liquidación provisional respeta este derecho. Para poder establecer la aplicabilidad de la presunción de inocencia en el ámbito del procedimiento inspector debemos acudir a la doctrina del Tribunal Constitucional.

La sentencia del Tribunal Constitucional n.° 5/2004, de 16 de enero, ECLI:ES:TC:2004:5, recuerda «*(...) ya dijimos en la STC 13/1982, de 1 de abril (FJ 2), que "el derecho a la presunción de inocencia no puede entenderse reducido al estricto campo del enjuiciamiento de conductas presuntamente delictivas, sino que debe entenderse también que **preside la adopción de cualquier resolución, tanto administrativa como jurisdiccional,** que se base en la condición o conducta de las personas y de cuya apreciación se derive un resultado sancionatorio para las mismas o limitativo de sus derechos" (...)*».

Y en la STC n.° 110/1984, de 26 de noviembre, ECLI:ES:TC:1984:110, ya se hacía referencia a la aplicabilidad del derecho a la presunción de inocencia en el procedimiento inspector, cuando el Tribunal señalaba:

> «(...) La presunción de inocencia habría sido desconocida por la tantas veces citada resolución y, en general, por la actuación inspectora en cuanto se presume que el recurrente ha defraudado y debe probar que no lo ha hecho, cuando debía presumirse lo contrario y asumir la Inspección la carga de la prueba. Pero la situación no es ésa. La Inspección va dirigida a verificar la conducta fiscal del contribuyente y, en particular, a constatar la veracidad de sus declaraciones a la Hacienda Pública. Esa actividad investigadora conducirá a obtener las pruebas, en su caso, de que el contribuyente ha defraudado al Fisco, pero es evidente que no se le exige al contribuyente la difícil prueba de su inocencia. Lo único que se le impone es el deber de aportar los datos que puedan ayudar a la investigación. En el caso presente, además, se solicita unos datos al contribuyente que, si no los aporta voluntariamente, se pedirán directamente a las Entidades de crédito. No se le exige, por tanto, que «declare contra sí mismo» (art. 24.2 de la Constitución), sino que se le faculta para entregar unos documentos que en todo caso tendrá que facilitar un tercero (...)».

5.7. La imparcialidad de los inspectores de Hacienda

Imparcialidad de los inspectores de Hacienda

La actuación de los inspectores de Hacienda se encuentra sometida al principio de legalidad conforme a lo establecido en el apartado 1 del artículo 9 de la CE y al control de los tribunales en virtud del artículo 106.1 de la CE.

Por otro lado, si atendemos a las disposiciones de la LGT es preciso recordar que el artículo 3.2 de la LGT señala que la aplicación del sistema tributario se basará en los principios de proporcionalidad, eficacia y limitación de costes indirectos derivados del cumplimiento de obligaciones formales y asegurará el respeto de los derechos y garantías de los obligados tributarios. Además, conforme señala el artículo 6 de la LGT los actos de aplicación de los tributos y de imposición de sanciones tienen carácter reglado y son impugnables en la vía administrativa y jurisdiccional.

Ahora bien, **¿se garantiza la imparcialidad de los inspectores de Hacienda?**

El término imparcialidad se emplea en varios artículos del estatuto Básico del Empleado Público, entre ellos el artículo 20.2 el cual señala *«Los sistemas de evaluación del desempeño se adecuarán, en todo caso, a criterios de transparencia, objetividad, imparcialidad y no discriminación y se aplicarán sin menoscabo de los derechos de los empleados públicos»*, sin embargo, este precepto se está refiriendo a los sistemas de evaluación no a la actuación propia del empleado público.

Por otro lado, podemos hacer referencia a los artículos 23 y 24 de la Ley 40/2015, de 1 de octubre, de Régimen Jurídico del Sector Público. Estos preceptos se refieren a las causas de abstención y a la recusación de los funcionarios públicos. Sin embargo, no podemos concluir que estos preceptos se destinen a proteger la imparcialidad de los funcionarios, sino que su destino es más bien la neutralidad de los mismos para evitar la colisión entre los intereses particulares y los intereses generales, tal como señalaba la exposición de motivos de la derogada Ley 30/1992, de 26 de noviembre.

La circunstancia que nos puede llevar a cuestionarnos la imparcialidad de los inspectores de hacienda es la forma de retribución de complementos que se ha establecido. Haremos para ello una breve referencia a la **Instrucción 1/2025, del Director del Departamento de Inspección Financiera y Tributaria, para la distribución del complemento de productividad baremada en el ejercicio 2025**. El principal inconveniente para que los inspectores mantengan su imparcialidad puede situarse en el coeficiente compuesto de efectividad que, como veremos, condiciona el complemento a la cuantía que deriva del proceso de inspección.

En este sentido señala la Instrucción a la que nos referimos que para la valoración de las comprobaciones en las que se materialicen las actuaciones programadas asignadas a los actuarios, el coeficiente compuesto de efectividad se tiene en cuenta:

- En el numerador se incluirá:
  » El resultado total del expediente, calculado directamente a partir de las propuestas de regularización y de sanción, incluyendo, en su caso, la valoración de aquellas modificaciones que determinen cuotas en los ejercicios objeto de comprobación.
  » La parte del resultado total del expediente que sea consecuencia de la existencia de cuotas regularizadas procedentes del incremento de la base imponible derivada del descubrimiento de ventas ocultas netas que, a estos efectos, ponderará con un 50 % de su importe, que se adicionará al importe resultante del punto anterior. La valoración anterior se aplicará también cuando el descubrimiento de ventas ocultas no produzca bases imponibles positivas sino

la minoración de las bases imponibles negativas o créditos de impuesto pendientes de compensación.

» El importe de las autoliquidaciones extemporáneas complementarias que tengan relación con la actuación inspectora, presentadas por el obligado tributario u otros obligados tributarios del entorno económico, personal o societario del inspeccionado. A estos efectos, se calculará la suma de los importes de las autoliquidaciones extemporáneas complementarias, por cualquier concepto tributario y ejercicio, presentadas por los obligados, hasta 6 meses después de la fecha en que se cumplimente la fase «instruir» o equivalente de la aplicación del plan de inspección.

• En el denominador de la fracción se incluirá el importe de la efectividad de referencia que corresponda al expediente, que es función del grupo de cómputo de actuaciones, de la complejidad del programa de inspección y de la cifra de negocios del obligado tributario inspeccionado.

5.8. Las posibles vías de impugnación en el procedimiento inspector

¿Cuáles son las vías de impugnación de un procedimiento inspector?

La LGT establece dos posibles recursos en el procedimiento inspector: el recurso de reposición y la reclamación económico-administrativa.

El recurso de reposición regulado en los artículos 222 y siguientes de la LGT puede interponerse frente a los actos dictados por la Administración tributaria susceptibles de reclamación económico-administrativa, que veremos a continuación. Este recurso deberá imponerse, en su caso, con carácter previo a la reclamación económico-administrativa, la cual no podrá interponerse hasta que el recurso se haya resuelto de forma expresa o hasta que pueda considerarlo desestimado por silencio administrativo. En caso de que en el plazo establecido para recurrir se hubieran interpuesto recurso de reposición y reclamación económico-administrativa que tuvieran como objeto el mismo acto, se tramitará el presentado en primer lugar y se declarará inadmisible el segundo.

Con relación a las reclamaciones económico-administrativas debemos señalar, en primer lugar, que podrá reclamarse en relación con las siguientes materias:

• La aplicación de los tributos del Estado o de los recargos establecidos sobre ellos y la imposición de sanciones tributarias que realicen la Administración General del Estado y las entidades de derecho público vinculadas o dependientes de la misma y las Administraciones tributarias de las comunidades autónomas y de las ciudades con estatuto de autonomía.

- Cualquier otra que se establezca por precepto legal expreso del Estado.

Por su parte el artículo 227 de la LGT establece los actos relacionados con las anteriores materias frente a los que puede interponerse la reclamación económico-administrativa:

- Los que provisional o definitivamente reconozcan o denieguen un derecho o declaren una obligación o un deber.

- Los de trámite que decidan, directa o indirectamente, el fondo del asunto o pongan término al procedimiento.

Añade este precepto en su apartado segundo que en materia de aplicación de tributos son reclamables:

«a) Las liquidaciones provisionales o definitivas.

b) Las resoluciones expresas o presuntas derivadas de una solicitud de rectificación de una autoliquidación o de una comunicación de datos.

c) Las comprobaciones de valor de rentas, productos, bienes, derechos y gastos, así como los actos de fijación de valores, rendimientos y bases, cuando la normativa tributaria lo establezca.

d) Los actos que denieguen o reconozcan exenciones, beneficios o incentivos fiscales.

e) Los actos que aprueben o denieguen planes especiales de amortización.

f) Los actos que determinen el régimen tributario aplicable a un obligado tributario, en cuanto sean determinantes de futuras obligaciones, incluso formales, a su cargo.

g) Los actos dictados en el procedimiento de recaudación.

h) Los actos respecto a los que la normativa tributaria así lo establezca».

Asimismo, serán reclamables los actos que impongan sanciones.

CUESTIÓN

¿Qué actos no admiten reclamación económico-administrativa?

Conforme establece el artículo 227.5 de la LGT no admiten reclamación económico-administrativa los siguientes actos:

- Los que den lugar a reclamación en vía administrativa previa a la judicial, civil o laboral o pongan fin a dicha vía.

- Los dictados en procedimientos en los que esté reservada al Ministerio de Economía y Hacienda o al Secretario de Estado de Hacienda y Presupuestos la resolución que ultime la vía administrativa.

- Los dictados en virtud de una ley de Estado que los excluya de reclamación económico-administrativa.

Tras la reclamación económico-administrativa contra los actos de gestión tributaria se abre la posibilidad de ejercitar varios recursos:

- Recurso de anulación: este podrá interponerse exclusivamente en los casos previstos en el artículo 241 bis de la LGT, en un plazo de 15 días desde la notificación de la resolución y ante el mismo órgano económico-administrativo.

- Recurso de alzada ordinario contra resoluciones dictadas en primera instancia: este se presentará ante el TEAC en el plazo de un mes contado desde el día siguiente al de la notificación de las resoluciones.

- Recurso extraordinario de revisión: frente a los actos firmes de la Administración tributaria y contra las resoluciones firmes de los órganos económicos-administrativos cuando concurra alguna de las circunstancias que establece el artículo 244 de la LGT.

- Recurso contencioso-administrativo: se presentará en el plazo de dos meses de acuerdo con el artículo 46 de la LJCA.

En caso de que se entienda que en el inicio de las actividades inspectoras se ha producido una vulneración del derecho a la presunción de inocencia, ésta podrá alegarse en los recursos a los que hemos hecho referencia. Ahora bien, teniendo en cuenta que en este caso estaríamos ante la vulneración de un derecho fundamental también entra en juego el artículo 53.2 de la CE al disponer:

> «Cualquier ciudadano podrá recabar la tutela de las libertades y derechos reconocidos en el artículo 14 y la Sección primera del Capítulo segundo ante los Tribunales ordinarios por un procedimiento basado en los principios de preferencia y sumariedad y, en su caso, a través del recurso de amparo ante el Tribunal Constitucional. Este último recurso será aplicable a la objeción de conciencia reconocida en el artículo 30».

Conforme a este precepto si la pretensión es restablecer el derecho que se entiende vulnerado —en este caso, la presunción de inocencia— son posibles dos vías:

- La primera la del procedimiento especial para la protección de los derechos fundamentales de la persona regulado en el capítulo I del título V (artículos 114 y siguientes) de la LJCA.

- La segunda vía requiere agotar la jurisdicción ordinaria y consiste en la interposición de recurso de amparo ante el Tribunal Constitucional.

ANEXO.
FORMULARIOS

Escrito de conformidad a la propuesta de sanción en un procedimiento de inspección

AL INSPECTOR-JEFE DE [ESPECIFICAR]

Don/Doña [NOMBRE] con NIF [NIF] con domicilio fiscal en [DOMICILIO], domicilio a efecto de notificaciones en [DOMICILIO], correo electrónico [EMAIL], teléfono [FIJO O MOVIL], actuando en nombre propio ante esta Administración **(1)**, interpongo el presente recurso de reposición contra la providencia de apremio, y como mejor proceda en derecho,

EXPONE

PRIMERO.- En fecha [DÍA], de [MES], de [AÑO] le ha sido notificada a esta parte acuerdo de inicio de expediente sancionador correspondiente al concepto tributario [CONCEPTO] y período [AÑO].

SEGUNDO.- Concluidas las actuaciones, en fecha [DÍA], de [MES], de [AÑO] se ha notificado propuesta de resolución por el órgano administrativo que instruye el procedimiento.

TERCERO.- En el plazo establecido en el apartado siete del artículo 25 del Reglamento General del Régimen Sancionador Tributario, presta conformidad a dicha propuesta.

SOLICITA:

Tenga por presentado este escrito en tiempo y forma a los efectos que procedan.

En [LOCALIDAD], [PROVINCIA], a [DÍA], de [MES], de [AÑO]

Fdo. [FIRMA]

---

(1) Si interviene como representante sustituir por:En caso de representación por persona física: actuando en su representación Don/Doña [NOMBRE], con NIF [NIF] y domicilio en [DOMICILIO], según acreditación en documento que se adjunta En caso de representación por persona jurídica: actuando como representante de la Entidad [NOMBRE_EMPRESA], con NIF [NIF] y domiciliada en [LOCALIDAD] calle [CALLE], número [NÚMERO], según acreditación que en documento se acompaña.

Escrito de disconformidad con la propuesta de sanción en un procedimiento de inspección

AL/A LA INSPECTOR/A-JEFE/A DE [LUGAR]

Don/Doña [NOMBRE] con NIF [NIF] con domicilio fiscal en [DOMICILIO], domicilio a efecto de notificaciones en [DOMICILIO], correo electrónico [EMAIL], teléfono [FIJO O MOVIL], actuando en nombre propio ante esa Administración (1), interpongo el presente recurso de reposición contra la providencia de apremio, y como mejor proceda en Derecho, **EXPONE:**

PRIMERO.- En fecha [DIA], de [MES], de [AÑO] le ha sido notificada a esta parte propuesta de resolución del expediente sancionador correspondiente al concepto tributario [CONCEPTO] y período [AÑO]

SEGUNDO.- Según lo establecido en el artículo 25 apartado 5 del Reglamento General del Régimen Sancionador Tributario, aprobado por Real Decreto 2063/2004, de 15 de octubre, por el que se aprueba el Reglamento general del régimen sancionador tributario, por medio del presente escrito, y dentro del plazo concedido, esta parte viene a hacer las siguientes

ALEGACIONES

PRIMERA.- Manifiesta su disconformidad con la propuesta de resolución notificada mencionada en el expositivo primero.

SEGUNDA.- Se aporta la documentación y pruebas que se relacionan a continuación para que sean tenidos en cuenta a efectos de la resolución del expediente.

1.- [DESCRIPCIÓN]

2.- [DESCRIPCIÓN]

TERCERA.- [DESCRIPCIÓN]

Por todo lo expuesto,

SOLICITA:

Sean tomadas en consideración las alegaciones efectuadas y se modifique la propuesta de resolución del expediente sancionador.

En [LOCALIDAD], a [DIA] de [MES] de [AÑO]

Fdo. [FIRMA]

---

(1) Si interviene como representante sustituir por:

En caso de representación por persona física: actuando en su representación Don/Doña [NOMBRE], con NIF [NIF] y domicilio en [DOMICILIO], según acreditación en documento que se adjunta

En caso de representación por persona jurídica: actuando como representante de la Entidad [NOMBRE_EMPRESA], con NIF [NIF] y domiciliada en [LOCALIDAD] calle [CALLE], número [NUMERO], según acreditación que en documento se acompaña.

Escrito de disconformidad con el acuerdo de rectificación de la propuesta de sanción (procedimiento de inspección)

AL/A LA INSPECTOR/A-JEFE/A DE [LUGAR]

Don/Doña [NOMBRE] con NIF [NIF] con domicilio fiscal en [DOMICILIO], domicilio a efecto de notificaciones en [DOMICILIO], correo electrónico [EMAIL], teléfono [FIJO O MOVIL], actuando en nombre propio ante esta Administración **(1)**, interpongo el presente **RECURSO DE RESPOSICIÓN** contra la providencia de apremio, y como mejor proceda en derecho,

EXPONE

PRIMERO.- En fecha [DÍA] de [MES] de [AÑO] a esta parte se le notificó acuerdo de inicio de expediente sancionador correspondiente al concepto tributario [CONCEPTO] y ejercicio [AÑO].

SEGUNDO.- En el plazo establecido en el apartado 5 del **artículo 23 del Real Decreto 2063/2004, de 15 de octubre, por el que se aprueba el Reglamento general del régimen sancionador tributario**, se prestó conformidad a la propuesta de resolución notificada en fecha [DÍA] de [MES] de [AÑO].

TERCERO.- En fecha [DÍA] de [MES] de [AÑO] el órgano competente para resolver dictó acuerdo [DESCRIPCIÓN]. **(2)**

CUARTO.- Según lo establecido en el **artículo 25.6 del Reglamento General del Régimen Sancionador Tributario, aprobado por Real Decreto 2063/2004, de 15 de octubre**, por medio del presente escrito, y dentro del plazo concedido, vengo en hacer las siguientes:

ALEGACIONES Y APORTACIÓN DE PRUEBAS Y DOCUMENTOS

PRIMERA.- Manifiesta su conformidad/disconformidad con la propuesta de resolución notificada.

SEGUNDA.- Se aporta la documentación y pruebas que se relacionan a continuación para que sean tenidos en cuenta a efectos de la resolución del expediente.

1.- [DESCRIPCIÓN].

2.- [DESCRIPCIÓN].

TERCERA.- [DESCRIPCIÓN].

Por todo lo expuesto,

SOLICITA:

Sean tomadas en consideración las alegaciones efectuadas y se modifique la propuesta de resolución del expediente sancionador.

En [LOCALIDAD], a [DÍA] de [MES] de [AÑO]

Fdo. [FIRMA]

---

(1) Si interviene como representante sustituir por: En caso de representación por persona física: actuando en su representación don/doña [NOMBRE], con N.I.F. [NIF] y domicilio en [DOMICILIO], según acreditación en documento que se adjunta En caso de representación por persona jurídica: actuando como representante de la Entidad [NOMBRE_EMPRESA], con N.I.F. [NIF] y domiciliada en [LOCALIDAD] calle [CALLE], número [NÚMERO], según acreditación que en documento se acompaña.

(2) (-) rectificando errores materiales apreciados en la propuesta

(-) ordenando completar actuaciones

(-) dictando resolución expresa confirmando la propuesta

(-) rectificando la propuesta por considerarla incorrecta

Escrito de alegaciones solicitando levantamiento de las medidas cautelares ante AEAT (inspección tributaria)

AL ÓRGANO COMPETENTE [ESPECIFICAR]

D./D.ª [NOMBRE], con NIF [NIF], con domicilio fiscal en [DOMICILIO] y domicilio a efecto de notificaciones en [DOMICILIO], actuando en nombre propio ante este órgano (1), comparece y como mejor proceda en derecho,

EXPONE

PRIMERO.- Que en fecha [DIA] de [MES] de [ANIO], a esta parte se le notificó acuerdo de inicio de actuaciones de [ESPECIFICAR PROCEDIMIENTO] correspondiente al concepto tributario [CONCEPTO] y período [ANIO], con número de referencia [NÚMERO REFERENCIA PROCEDIMIENTO].

SEGUNDO.- Que en fecha [DIA] de [MES] de [ANIO], en el desarrollo del procedimiento se ha adoptado la siguiente medida cautelar [ESPECIFICAR].

TERCERO.- Que en la misma fecha del expositivo segundo (2), la adopción de las medidas cautelares especificadas se documentó mediante diligencia en la que, junto a la medida adoptada y el inventario de los bienes afectados, constan las circunstancias y la finalidad correspondientes a dicha adopción de medidas cautelares y se informa a esta parte el derecho de formular alegaciones en el plazo improrrogable de cinco días.

CUARTO.- Que conforme a lo dispuesto en el artículo 181 del Reglamento General de las actuaciones y los procedimientos de gestión e inspección tributaria y de desarrollo de las normas comunes de los procedimientos de aplicación de los tributos, aprobado por Real Decreto 1065/2007, de 27 de julio, por medio del presente escrito, y dentro del plazo concedido, esta parte viene a realizar las siguientes,

ALEGACIONES

I.- [DESCRIPCIÓN] (3).

II.- [DESCRIPCIÓN].

III.- [DESCRIPCION].

Por todo lo expuesto,

SOLICITA:

Que sean tomadas en consideración las alegaciones efectuadas y se considere que la medida cautelar no cumple con los requisitos legales establecidos por la normativa de aplicación, produciéndose el levantamiento de la misma con efectos inmediatos a fin de evitar el posible perjuicio derivado de su mantenimiento.

En [LOCALIDAD], a [DIA] de [MES] de [ANIO].

Fdo. [FIRMA]

---

(1) Si interviene como representante, sustituir por:
  - En caso de representación por persona física: actuando en su representación D./D.ª [NOMBRE], con NIF [NIF] y domicilio en [DOMICILIO], según acreditación en documento que se adjunta.
  - En caso de representación por persona jurídica: actuando como representante de la entidad [NOMBRE EMPRESA], con NIF [NIF[y domiciliada en [LOCALIDAD], calle [CALLE], número [NÚMERO], según acreditación que en documento se acompaña.

(2) La diligencia se extenderá en el mismo momento en el que se adopte la medida cautelar, salvo que ello no sea posible por causas no imputables a la Administración, en cuyo caso se extenderá en cuanto desaparezcan las causas que lo impiden y se remitirá inmediatamente copia al obligado tributario.

(3) Las alegaciones a realizar respecto del levantamiento de las medidas cautelares adoptadas en el procedimiento de inspección son unas medidas tasadas, no pudiendo el contribuyente alegar cuestiones ajenas a las condiciones específicas de la adopción de medidas establecidas en el artículo 81 de la LGT.

1. En particular, **podrán alegarse alguna o varias de las siguientes** cuestiones de hecho:
2. Que las medidas cautelares se han extendido temporalmente más allá del límite de seis meses contenido en el artículo 81.7.d) de la LGT sin mediar acuerdo motivado que extienda su aplicación. Acreditándose la fecha de inicio, [FECHA], de la medida cautelar en la diligencia adjunta, con número de diligencia [NÚMERO DE DILIGENCIA], no habiéndose notificado a esta parte el mencionado acuerdo motivado de extensión a la fecha de remisión del escrito.
3. Que, una vez iniciado el procedimiento de embargo [ESPECIFICAR SI ADMINISTRATIVO O JUDICIAL] con fecha [FECHA] y que se acredita a través de la comunicación adjunta [ESPECIFICAR DOCUMENTACIÓN], no se han levantado las medidas cautelares interpuestas con fecha [FECHA] a través de la diligencia [NÚMERO DE DILIGENCIA].
4. Que las medidas adoptadas son desproporcionadas al daño que se pretende evitar ya que [ESPECIFICAR] (4).
5. Que las medidas adoptadas supondrán un perjuicio económico grave y de difícil reparación para esta parte porque [ESPECIFICAR] (5).
6. Que, habiéndose presentado aval solidario/certificado de seguro de caución [ESPECIFICAR TIPO DE AVAL], con número de entrada en registro [NÚMERO DE ENTRADA EN REGISTRO] que garantiza el cobro de la cuantía de la medida cautelar notificada a través de la diligencia correspondiente, número de diligencia [NÚMERO DE DILIGENCIA], no se ha producido el levantamiento de las medidas cautelares.
7. Que la cuantía del embargo preventivo interpuesto y notificado a través de la diligencia con número [NÚMERO DE DILIGENCIA], supera la cuantía de la deuda contraída que asciende a [CUANTÍA DE LA DEUDA] ya que [ESPECIFICAR MOTIVOS].

> **A TENER EN CUENTA.** Estas cuestiones de hecho deberán de valorarse por el órgano competente de la Administración tributaria a la que se dirige el escrito y la interposición del mismo no supone ningún tipo de mecanismo automático del levantamiento de las medidas —excepción hecha de la presentación del aval solidario— que deberán, siempre, documentarse en diligencia y notificarse al obligado tributario dicho levantamiento.

No podrá alegarse, entre otras cosas, que **no se ha dado trámite de audiencia previo a la adopción de la medida** ya que se trata de un acto que establece una medida provisional que podría ver afectada su efectividad (Resolución del Tribunal Económico-Administrativo Central, número de resolución 1090/2017, de 22 de octubre de 2019).

Tampoco podrá alegarse desproporcionalidad cuando se persiga el cobro a través de varios responsables solidarios por el total de la cuantía adeudada (Resolución del Tribunal Económico-Administrativo Central, número de resolución 3770/2016, de 20 de diciembre de 2016).

(4) Sobre este motivo de alegación cabe especificar cualquier cosa. La doctrina y jurisprudencia es abundante en favor de la adopción de la medida cautelar que afecte a cualquier bien, incluido el dinero físico o depositado en cuentas, siempre y cuando esto no suponga una retención de medios superior a la cantidad necesaria para el sufragio de los gastos corrientes de la persona, empresa o particular, sobre el que la medida se adopta. (Resolución del Tribunal Económico-Administrativo Central, número de resolución 4988/2019, de 17 de noviembre de 2020).

(5) En particular, la prohibición de enajenar según que bienes, sobre todo perecederos y otras materias primas que posean una fuerte variabilidad en su precio.

Escrito de contestación a requerimiento de la Agencia Tributaria aportando la información solicitada

AL [ORGANO]

D./D.ª [NOMBRE] con NIF [NIF] con domicilio fiscal en [DOMICILIO], domicilio a efecto de notificaciones en [DOMICILIO], correo electrónico [EMAIL], teléfono [FIJO O MOVIL], actuando en nombre propio (1), comparezco ante esta Administración, y como mejor proceda en Derecho, **EXPONE:**

En fecha [DIA] de [MES] de [AÑO] se le notificó requerimiento de obtención de información, con número de referencia [NÚMERO], en el que se le solicita que se aporte en el plazo de diez días la siguiente información: [DESCRIPCIÓN]

El art. 171.3 del Real Decreto 1065/2007, de 27 de julio, por el que se aprueba el Reglamento General de las Actuaciones y los Procedimientos de Gestión e Inspección Tributaria, establece que los obligados tributarios deberán poner a disposición del personal inspector la documentación solicitada y que cuando el personal inspector solicite al obligado tributario datos, informes o antecedentes que no deban hallarse a disposición inmediata de la Administración tributaria, se concederá con carácter general un plazo de 10 días hábiles, contados a partir del siguiente al de la notificación del requerimiento, para cumplir con el deber de colaboración. El plazo concedido para la contestación a las reiteraciones de los requerimientos de información que no deba hallarse a disposición inmediata de la Administración tributaria será con carácter general de 5 días hábiles.

En cumplimiento de dicho requerimiento, y dentro del plazo establecido, se aportan los siguientes datos, informes o antecedentes:

1) [DESCRIPCIÓN]

2) [DESCRIPCIÓN]

SOLICITA:

Se tenga por presentado este escrito y la documentación que se adjunta, dando por atendido el requerimiento de referencia.

En [LOCALIDAD], a [DIA] de [MES] de [AÑO]

Fdo. [FIRMA]

---

(1) Si interviene como representante sustituir por:

En caso de representación por persona física: actuando en su representación Don/Doña [NOMBRE], con NIF [NIF] y domicilio en [DOMICILIO], según acreditación en documento que se adjunta

En caso de representación por persona jurídica: actuando como representante de la Entidad [NOMBRE_EMPRESA], con NIF [NIF] y domiciliada en [LOCALIDAD] calle [CALLE], número [NUMERO], según acreditación que en documento se acompaña.

Escrito de solicitud de prórroga del plazo de alegaciones (procedimiento sancionador)

AGENCIA ESTATAL DE ADMINISTRACIÓN TRIBUTARIA

CONSEJERÍA DE HACIENDA DE [COMUNIDAD_AUTÓNOMA]

AL [ÓRGANO]

D./Dña. [NOMBRE] mayor de edad, con NIF [NIF] y domicilio a efectos de notificaciones en [DOMICILIO], actuando en nombre propio (1), comparece y como mejor proceda,

EXPONE

PRIMERO. El [DÍA], de [MES], de [AÑO] se ha notificado a esta parte propuesta de resolución del expediente sancionador correspondiente al concepto tributario [CONCEPTO] y periodo [AÑO].

SEGUNDO. Dada la complejidad del expediente y/o el volumen de información analizada no resulta posible, dentro del plazo establecido, presentar el potestativo escrito de alegaciones previsto en el artículo 157 de la Ley General Tributaria y el artículo 23.5 del Reglamento General del Régimen Sancionador Tributario.

TERCERO. Aun dándose la circunstancia del expositivo anterior, existe la voluntad de dar cumplimiento a este trámite, razón por la que interesa la prórroga de dicho plazo en los términos previstos en el art. 32 de la Ley 39/2015, de 1 de octubre del Procedimiento Administrativo Común de las Administraciones Públicas.

En virtud de todo lo expuesto,

SOLICITO:

Que se tenga por presentado este escrito y por solicitada la prórroga de plazo en el trámite de alegaciones de referencia.

En [LOCALIDAD], [PROVINCIA], a [DÍA], de [MES], de [AÑO].

Fdo.: [FIRMA]

La persona interesada.

---

(1) Si interviene como representante sustituir por:
- En caso de representación por «persona física»: actuando en su representación D./Dña. [NOMBRE], con NIF [NIF] y domicilio en [DOMICILIO], según acreditación en documento que se adjunta.
- En caso de representación por «persona jurídica»: actuando como representante de la Entidad [NOMBRE_EMPRESA], con NIF [NIF] y domiciliada en [LOCALIDAD] calle [CALLE], n.º [NUMERO], según acreditación que en documento se acompaña.

Escrito de alegaciones previo a la propuesta de resolución en procedimiento sancionador tributario

Número de expediente: [NÚMERO]

Fecha: [FECHA]

Órgano administrativo instructor: [ÓRGANO]

Don/Doña [NOMBRE] mayor de edad, con NIF [NIF] y domicilio a efectos de notificaciones en [DOMICILIO], actuando en nombre propio **(1)**, comparece y como mejor proceda en derecho,

EXPONE

Habiéndome sido notificado el acuerdo dictado en fecha [FECHA], por el que se ordena la iniciación del expediente sancionador de referencia en el que se me imputa la comisión de una infracción [ESPECIFICAR], y en el que se me informa de mi derecho a formular alegaciones y aportar los documentos, justificaciones y pruebas que estime conveniente en cualquier momento anterior a la propuesta de resolución, al amparo del art. 23.4 del Real Decreto 2063/2004, de 15 de octubre, por el que se aprueba el Reglamento general del régimen sancionador tributario, procedo a formular el presente escrito de alegaciones oponiéndome al contenido del expresado acuerdo por los siguientes motivos:

I.- MOTIVOS FORMALES

PRIMERO.- El referido acuerdo de iniciación se estima nulo de pleno derecho por las siguientes razones:

[ESPECIFICAR]. **(2)**

Subsidiariamente, para el caso de que las anteriores alegaciones no sean admitidas a los efectos de la declaración de nulidad de actuaciones y archivo del expediente, se oponen también los siguientes

II.- MOTIVOS DE FONDO

PRIMERO.- [ESPECIFICAR]. **(3)**

III.- PROPOSICIÓN DE PRUEBA

En orden a la acreditación de los anteriores hechos se solicita la admisión y práctica de los siguientes medios de prueba:

- [ESPECIFICAR].

- [ESPECIFICAR].
- [ESPECIFICAR].

SOLICITA:

Que, teniendo por presentado este escrito, se proceda a admitirlo, junto con los documentos que al mismo se acompañan, y a tener por efectuadas las anteriores alegaciones y por propuestos los indicados medios de prueba.

En [LOCALIDAD], a [DÍA] de [MES] de [AÑO]

Firma: [FIRMA]

---

(1) Si interviene como representante sustituir por:
- En caso de representación por persona física: actuando en su representación Don/Doña [NOMBRE], con N.I.F. [NIF] y domicilio en [DOMICILIO], según acreditación en documento que se adjunta.
- En caso de representación por persona jurídica: actuando como representante de la entidad [NOMBRE_EMPRESA], con N.I.F. [NIF] y domiciliada en [LOCALIDAD] calle [CALLE], número [NÚMERO], según acreditación que en documento se acompaña.

(2) Los motivos de formales podrían ser:
- El acuerdo ha sido dictado por órgano manifiestamente incompetente por razón de la materia o del territorio [art. 217.1.b) de la LGT], debido a que [ESPECIFICAR] (exposición de las causas de la incompetencia manifiesta).
- El acuerdo ha sido dictado prescindiendo total y absolutamente en su confección del procedimiento establecido [art. 217.1.e) de la LGT], debido a que [ESPECIFICAR] (exposición de las causas de la omisión esencial del trámite).
- El órgano designado en el acuerdo como competente para decidir el expediente carece de la necesaria competencia, debido a que [ESPECIFICAR] (exposición de las causas de la incompetencia del órgano decisor).
- En la persona del instructor del expediente concurre la causa de recusación establecida en la letra [ESPECIFICAR] del **art. 23.2 de la Ley 40/2015, de 1 de octubre**, debido a que [ESPECIFICAR] (exposición de los motivos por los que se estima la falta de imparcialidad).
- El procedimiento debe entenderse caducado.

(3) Como motivos de fondo podría alegarse, por ejemplo:
- La sanción que se hace constar en el acuerdo ya ha sido satisfecha en su integridad, tal y como se desprende del recibo acreditativo del pago que se acompaña al presente escrito.
- La infracción que se me imputa en el acuerdo de iniciación fue con anterioridad objeto de sanción penal/administrativa en el proceso penal/en el procedimiento administrativo sancionador finalizado por sentencia /resolución administrativa firme de fecha [FECHA], de la que se adjunta copia.
- Los hechos que me son imputados no se ajustan a la realidad, debido a que [ESPECIFICAR] (argumentación sobre la inexistencia de los hechos constitutivos de la infracción).
- Si bien los hechos que se hacen constar en el acuerdo son ciertos, por mi parte no existe ningún tipo de responsabilidad en su comisión, debido a que [ESPECIFICAR] (exposición de las razones determinantes de la falta de culpabilidad).
- La infracción administrativa que se me imputa, de conformidad con lo dispuesto en el **art. 190 de la LGT**, ha quedado prescrita, debido a que [ESPECIFICAR] (exposición de los motivos en los que se base la prescripción con indicación de las fechas correspondiente).

Escrito de solicitud de sobreseimiento por incumplimiento del plazo para iniciar el procedimiento sancionador tributario

AL [ÓRGANO]

Don/Doña [NOMBRE], mayor de edad, con NIF [NIF] y domicilio, a efectos de notificación en [DOMICILIO], actuando en su propio nombre, comparece y como mejor proceda,

EXPONE

PRIMERO.- Recientemente ha recibido notificación de esa Administración tributaria por la que se comunica la apertura de expediente sancionador número [NUMERO] con relación a [DESCRIPCION], por la presunta comisión de la infracción [ESPECIFICAR] (leve, grave o muy grave) consistente en [DESCRIPCION]

SEGUNDO.- El procedimiento sancionador que se incoa, es consecuencia del procedimiento tributario [ESPECIFICAR] **(1)** que culminó con acuerdo de liquidación notificado a esta parte en fecha [FECHA]

TERCERO.- Al amparo de lo previsto en el artículo 209 de la Ley 58/2003, de 17 de noviembre, General Tributaria, cuando se notificó a esta parte el acuerdo de inicio del procedimiento sancionador mencionado anteriormente, esa Administración no podría iniciarlo por haber transcurrido más de seis meses desde la notificación de la [ESPECIFICAR] (resolución o liquidación) derivada del procedimiento identificado en el punto anterior.

En virtud de lo expuesto,

SOLICITA:

Se sirva admitir este escrito y la documentación que le acompaña, y en mérito a su contenido, dicte resolución en el expediente sancionador de referencia en virtud de la cual se ordene el sobreseimiento de dicho exponente.

En [LUGAR] a [DÍA] de [MES] de [AÑO]

Fdo.: [FIRMA]

---

(1) Declaración: «iniciado por declaración»/ Verificación de datos: «de comprobación»/ Inspección: «de inspección»

Escrito de alegaciones y aportación de pruebas antes de la propuesta de resolución en procedimiento sancionador tributario

A LA AGENCIA ESTATAL DE ADMINISTRACIÓN TRIBUTARIA

DELEGACIÓN DE [PROVINCIA]

AL ÓRGANO COMPETENTE

Don/Doña [NOMBRE], con NIF [NIF] y domicilio a efectos de notificaciones en [DOMICILIO], actuando en su propio nombre **(1)**, comparece y

EXPONE

PRIMERO.- En fecha [DÍA] de [MES] de [AÑO], se le ha notificado acuerdo de inicio de expediente sancionador correspondiente al concepto tributario [CONCEPTO] y ejercicio [AÑO].

SEGUNDO.- Al día de la fecha, no ha sido notificada a esta parte la propuesta de resolución en dicho procedimiento sancionador.

TERCERO.- En virtud de lo señalado en el artículo 34.1.l) de la Ley 58/2003, de 17 de diciembre, General Tributaria, constituye derecho de los obligados tributarios formular alegaciones y aportar documentos que serán tenidos en cuenta por los órganos competentes al redactar la correspondiente propuesta de resolución. Asimismo, conforme a la letra r) del mismo precepto, los obligados tienen derecho a presentar ante la Administración tributaria la documentación que estimen conveniente y que pueda ser relevante para la resolución del procedimiento tributario que se esté desarrollando.

CUARTO.- Asimismo, de conformidad con lo prevenido en los apartados 3 y 4 del artículo 23 del Real Decreto 2063/2004, de 15 de octubre, por el que se aprueba el Reglamento general del régimen sancionador tributario, por medio del presente escrito se hacen las siguientes

ALEGACIONES Y APORTACIÓN DE PRUEBAS Y DOCUMENTOS

Primera.- El que suscribe tiene interés en realizar las siguientes alegaciones en relación con el citado procedimiento:

[DESCRIPCIÓN] **(2)**

Segunda.- En prueba de las alegaciones efectuadas se aportan los siguientes documentos o justificantes, a fin de que sean tenidos en cuenta en la propuesta de resolución que en su momento se adopte en el procedimiento de referencia:

1) [DESCRIPCIÓN]

2) [DESCRIPCIÓN]

Tercera.- Se interesa que sean tenidos en cuenta dichos documentos y alegaciones a efectos de la resolución del expediente.

En virtud de todo lo expuesto,

SOLICITA:

Que se tenga por presentado este escrito, que se admitan y se unan al expediente las alegaciones, justificantes y documentos aportados; y que se tengan en cuenta dichas alegaciones, pruebas y documentos al redactar la correspondiente propuesta de resolución.

En [LOCALIDAD], a [DÍA] de [MES] de [AÑO]

Firma: [FIRMA]

---

(1) Si interviene como representante sustituir por:
- En caso de representación por persona física: actuando en su representación Don/Doña [NOMBRE], con NIF [NIF] y domicilio en [DOMICILIO], según acreditación en documento que se adjunta.
- En caso de representación por persona jurídica: actuando como representante de la Entidad [NOMBRE_EMPRESA], con NIF [NIF] y domiciliada en [LOCALIDAD] calle [CALLE], número [NÚMERO], según acreditación que en documento se acompaña.

(2) Descripción de las alegaciones.

Recurso de reposición contra resolución del expediente sancionador en el ámbito tributario

AL [ORGANO]

AGENCIA ESTATAL DE ADMINISTRACIÓN TRIBUTARIA

ÓRGANO COMPETENTE DE LA AGENCIA ESTATAL DE ADMINISTRACIÓN TRIBUTARIA

Don/Doña [NOMBRE] con NIF [NIF] con domicilio fiscal en [DOMICILIO] y domicilio a efecto de notificaciones en [DOMICILIO], actuando en nombre propio ante esa Administración **(1)**, interpongo el presente recurso de reposición contra la providencia de apremio, y como mejor proceda en derecho,

EXPONE

PRIMERO. Que mediante comunicación notificada en fecha [DIA], de [MES], de [ANIO] a esta parte se le comunicó el inicio de expediente sancionador en los términos previsto en el artículo 210 de la Ley General Tributaria en relación con el Impuesto [ESPECIFICAR], correspondiente al ejercicio [ESPECIFICAR]

SEGUNDO. Que en fecha [DIA], de [MES], de [ANIO] se le ha notificado a esta parte el acto administrativo de resolución de dicho expediente sancionador en los términos previstos en el apartado tercero del artículo 211 de la LEY 58/2003, de 17 de diciembre, General Tributaria, el que consta una infracción con una imposición de sanción por importe de [CANTIDAD] euros.

TERCERO. Que, esta parte, no estando conforme con la resolución mencionada en el expositivo anterior, por medio de este escrito y de conformidad con lo previsto en los artículos 222 a 225 de la Ley General Tributaria, por el que se regula el recurso de reposición, se interpone RECURSO DE REPOSICIÓN con carácter previo a la reclamación económico-administrativa ante el mismo órgano autor del acto impugnado, en base a las siguientes

ALEGACIONES

[DESCRIPCION] **(2)**

CUARTO. Que, dentro del plazo establecido al efecto, y de conformidad con lo dispuesto en la normativa reguladora, mediante el presente escrito, esta parte manifiesta su renuncia a la tramitación separada del procedimiento sancionador que, en su cuso, pudiera incoarse al no concurrir causa alguna que obligue a la tramitación conjunta del procedimiento sancionador.

QUINTO. Que como prueba de las alegaciones realizadas se aporta la siguiente documentación:

1) [ESPECIFICAR]

2) [ESPECIFICAR]

3) [ESPECIFICAR]

4) [ESPECIFICAR]

Por lo expuesto,

SOLICITA

Que se tenga por presentado en tiempo y forma el presente RECURSO DE REPOSICIÓN contra el indicado acto administrativo y se adopte acuerdo con las pretensiones alegadas.

En [LOCALIDAD], [PROVINCIA], a [DIA], de [MES], de [ANIO]

Firma: [FIRMA]

---

(1) Si interviene como representante sustituir por:
- En caso de representación por persona física: actuando en su representación Don/Doña [NOMBRE], con N.I.F. [NIF] y domicilio en [DOMICILIO], según acreditación en documento que se adjunta.
- En caso de representación por persona jurídica: actuando como representante de la Entidad [NOMBRE_EMPRESA], con N.I.F. [NIF] y domiciliada en [LOCALIDAD] calle [CALLE], número [NUMERO], según acreditación que en documento se acompaña.

(2) Enumerar las alegaciones.

Reclamación contra una sanción tributaria si se hubiera presentado reclamación contra la deuda tributaria de la que deriva

A LA AGENCIA ESTATAL DE ADMINISTRACIÓN TRIBUTARIA

ADMINISTRACION DE [LUGAR]

DELEGACIÓN DE [LUGAR]

PARA SU REMISIÓN AL TRIBUNAL ECONÓMICO-ADMINISTRATIVO REGIONAL DE [LUGAR]

Don/Doña [NOMBRE] mayor de edad, con DNI [NÚMERO Y LETRA DNI] y domicilio a efectos de notificaciones en [DOMICILIO], actuando en nombre propio/actuando en representación de don/doña [NOMBRE]/Entidad [NOMBRE_EMPRESA], con DNI/NIF [NÚMERO Y LETRA DNI/NIF] y domicilio en [DOMICILIO], según acreditación en documento que se adjunta, comparece ante esta Administración y como mejor proceda

DIGO

PRIMERO.- Se halla en tramitación ante ese Tribunal, la reclamación económica administrativa número [NÚMERO] interpuesta por esta parte el día [DÍA], de [MES], de [AÑO], contra el acuerdo adoptado por la Administración de [LUGAR] de la Delegación en [LUGAR] de la Agencia Estatal de la Administración Tributaria, desestimando el recurso de reposición interpuesto contra la liquidación provisional número [LUGAR] referentes al concepto tributario [ESPECIFICAR] del ejercicio [AÑO].

Se acompaña como **documento n.º** [NÚMERO] copia de la citada reclamación.

SEGUNDO.- Se me ha notificado acuerdo de la citada Dependencia resolutorio del expediente sancionador por el que se acuerda imponer una sanción por infracción tributaria por importe de [CANTIDAD] euros.

Se acompaña como **documento n.º** [NÚMERO] copia del citado acuerdo.

TERCERO.- El **artículo 212 de la Ley 58/2003, de 17 de diciembre, General Tributaria**, dispone que el acto de resolución del procedimiento sancionador podrá ser objeto de recurso o reclamación independiente, previendo que en el supuesto de que el contribuyente impugne también la deuda tributaria, se acumularán ambos recursos o reclamaciones, siendo competente el que conozca la impugnación contra la deuda.

CUARTO.- No estando conforme con la citada sanción, interpongo la presente reclamación económica administrativa de conformidad con lo previsto en el **artículo 235 de la Ley 58/2003, de 17 de Diciembre, General Tributaria**, con fundamento en las siguientes:

ALEGACIONES

PRIMERA: [ESPECIFICAR]

SEGUNDA: [ESPECIFICAR]

Por cuanto antecede,

SUPLICO:

A este Tribunal que se sirva admitir este escrito con los documentos que lo acompañan, y en mérito a su contenido, acuerde tener por interpuesta nueva reclamación económico-administrativa, y su tenor, acordar la acumulación de las dos reclamaciones indicadas para ser tramitadas en un solo procedimiento y decididas en una sola Resolución, decretando la suspensión del procedimiento que estuviese más avanzado hasta que la otra se halle en el mismo estado.

En [LOCALIDAD], [PROVINCIA], a [DÍA], de [MES], de [AÑO]

Fdo.: [FIRMA]

OTROSI DIGO: El art. 212.3 de la LGT dispone que la interposición en tiempo y forma de un recurso o reclamación administrativa contra una sanción producirá, entre otros efectos, que a ejecución de las sanciones quedará automáticamente suspendida en período voluntario sin necesidad de aportar garantías hasta que sean firmes en vía administrativa.

En su virtud,

SOLICITO:

Tenga por efectuada la manifestación precedente y acuerde la suspensión automática de la ejecución de la sanción impugnada

En fecha y lugar ut supra.

Fdo.: [FIRMA]